니체는망치다

니체는 망치다

초판 1쇄 발행	2019년 4월 25일
지은이	프리드리히 니체
엮은이	정명진
펴낸이	정명진
디자인	정다희
펴낸곳	도서출판 부글북스
등록번호	제300-2005-150호
등록일자	2005년 9월 2일
주소	서울시 노원구 공릉로63길 14, 101동 203호(하계동, 청구빌라)
	01830
전화	02-948-7289
전자우편	00123korea@hanmail.net
ISBN	979-11-5920-103-5 03160

세상을 읽는 지혜를 담은 아포리즘

니체는 망치다

ow to philosophize with a hammer

프리드리히 니체 지음 정명진 엮음

망치를 든 철학자 니체

프리드리히 니체(1844-1900)가 정신이 흐려지기 직전인 1888년에 발표한『우상의 황혼』의 원래 제목은 '우상의 황혼, 또는 망치로 철학하는 방법'이었다. 니체가『우상의 황혼』을 발표한 해는 1872년『비극의 탄생』을 발표한 뒤 오랫동안 빛을 보지 못하다가 마침내 독일 국내뿐만 아니라 세계에서도 조금씩 이름을 알리기 시작하던 때였다. 그런 시기에 니체가 자신의 철학 작업에 대해 간단히 설명할 필요성을 다시 느끼고 불과 10일 만에 쓴 책이 바로『우상의 황혼』이었다. 따라서 '우상의 황혼, 또는 망치로 철학하는 방법'이라는 제목 자체를 니체의 철학 세계를 한마디로 요약한 것으로 보아도 별로 무리가 없을 것이다.

그렇다면 '망치로 철학하다'라는 표현은 무슨 뜻일까? 온갖 대상들을 망치로 두드려 그 소리로 속이 비었는지 속이 찼는지를 확인하고, 속이 빈 것으로 확인되는 경우에 그것을 가차 없이 깨부순다는 의미이다. 인간을 현혹하는 우상을 모조리 무너뜨리겠다는 의지를 담고 있다. 당시 유럽 사회를 지배하고 있던 도덕이 일차적인 표적이었다. 그러다 보니 철학은 물론이고 예술, 역사, 종교, 문화, 과학 등 거의 전 분야가 비판의 대상이 되었다. 니체가 가장 중요하게 여긴 기준은 인간의 생명력을 강화하는지 여부이다. 인간의 생명력을 키우는 데 이바지하는 것이면 그냥 두고, 인간의 생명력을 약화시키는 것이면 어김없이 그 뿌리까지 파고들며 허물어뜨렸다.

그러다 보니 철학자들이 흔히 관심을 갖는, '인생이란 무엇인가?' 하는 주제는 니체의 관심을 그다지 끌지 못했다. 니체는 주로 더 건강한 삶을 영위하는 문제에 관심을 쏟았다. 그래서 나온 것이 초인(超人) 사상이다. 그에게 삶이란 건강과 성장을 추구하고 자기 향상 또는 자기 극복을 꾀하는 과정이었다. 요약하면 각자가 태어날 때 받은 '근원'(根源)을 전부 만개시키려고 노력하는 것이 생명을 중요하게 여기는 사람들의 의무라는 것이다. '발달의 철학'이라고 할 수 있을 것 같다. 그런 까닭에 '신은 죽었다.'거나 '위험하게 살아라.'거나 '나를 죽이지 않는 것이면 무엇이든 나를 더 강하게 만든다.'는 식의 자극적인 아포리즘이 많다. 힘을 더욱 키우려는 의지가 바로 그가 말하는 권력 의지이다. 이 권력 의지는 인간만 아니라 모든 생명체에 두루 적용된다.

오늘날 니체만큼 폭넓게 사랑을 받는 철학자도 드물다. 물론 '초인'이나 '주인 도덕' '권력 의지' 같은 매력적인 개념을 짧게 압축한 아포리즘과 불행한 삶, 비극적인 죽음 등이 니체의 인기를 높이는 요소로 작용하겠지만, 니체를 향한 사랑이 혹시 사람들이 품고 있는, 힘이나 강함에 대한 욕망 때문은 아닐까?

대중의 사랑을 두루 받는 니체이지만, 그래도 그가 철학사에 우뚝 설 수 있었던 것은 철학에서 처음으로 '망치'를 들었다는 데에 있다. 그가 등장한 이후로 개인과 사회, 인간의 조건에 대한 사고방식 자체가 근본적으로 바뀌었으니 말이다. 니체에게 가장 중요한 것은 지금 이 순간 바로 이곳에 충실하게 임하는 것이었다. 철저히 현실에 발을 담근 가운데, 당시, 아니 지금도 많은 사람의 정신세계를 지배하고 있는 우상을 깨뜨리는 과정을 보여주는 아포리즘만을 모은 것이 바로『니체는 망치다』이다.

엮은이

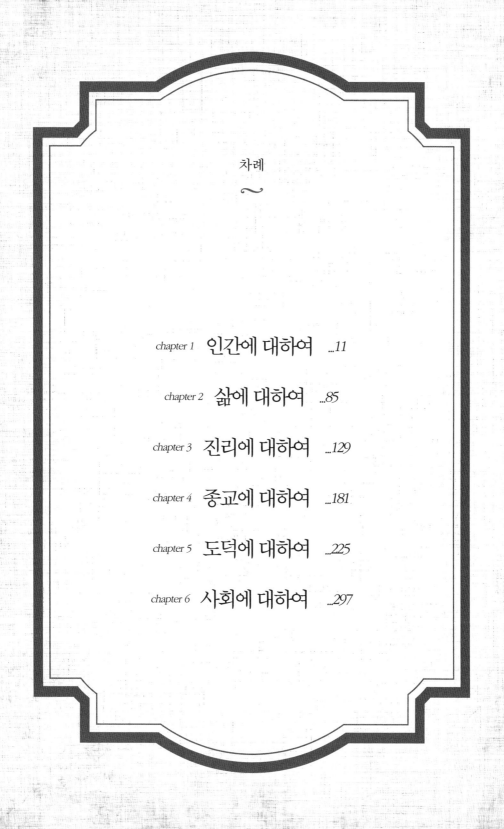

차례

chapter 1

인간에 대하여

인간에 관한 생각 중에서 가장 해로운 것은
"자아는 언제나 가증스럽다."는 생각과
"이웃을 너 자신처럼 사랑하라."는 가르침이다.
전자의 가르침으로 인해 인간들에 대한 이해가 멈춰버렸고,
후자의 가르침으로 인해 인간들에 대한 이해가
다시 시작되지 못하고 있다.

현대인도 선사시대 사람과
별로 다르지 않다

인간의 발달에서 근본적인 모든 것은 이미 선사 시대에 다 이뤄졌다. 말하자면, 우리 현대인들이 어느 정도 역사를 알고 있는 지난 4,000년 동안에는 특별히 근본적인 발달은 거의 없었다는 뜻이다.

■ 인간적인, 너무나 인간적인

인간은 그리 특별하지 않다

　인간이 제아무리 높은 수준까지 발달한다 하더라도, 우리 인간이 보다 높은 등급에 이를 가능성은 개미와 집게벌레가 이 땅에서 활동을 끝낼 때쯤 신(神)이나 불멸과 비슷해질 수 있을 가능성만큼이나 낮다. 어쩌면 인간이 최종적으로 도달할 높이는 처음 시작할 때만큼 높지 않을 수 있다.

　다가올 모든 것은 그 뒤로 지금까지 흘러간 모든 것을 다 달고 있을 것이다. 이 작은 별에서, 그 별의 보잘것없는 한 종(種)에 불과한 인간이 왜 이 영원한 드라마에서 예외가 되어야 하는가? 당장 그런 감상을 버리도록 하라.

■ 여명

003
개인은 인류 진화 과정의
총합이다

이기심의 가치는 정확히 그것을 가진 사람의 생리학적 가치와 일치한다.

각 개인은 인류의 진화 과정 전체를 나타내고 있으며, 도덕이 가르치는 것과 달리, 개인은 탄생하는 순간에 시작되는 그런 존재가 아니다.

만약에 어느 한 개인이 상승하는 요소들과 쇠퇴하는 요소들이 복잡하게 뒤엉킨 하나의 거대한 다양성이랄 수 있는 인류 속에서 상승하고 있는 과정을 대표하고 있다면, 그 개인의 가치는 실로 대단하다. 따라서 그를 지키고 그의 성장을 촉진하는 데 쏟는 보살핌도 지대해야 한다. (그것은 그 개인의 안에 있는 미래의 약속을 보살피는 것이다. 이 미래의 약속이 훌륭한 것을 갖춘 개인들에게 이기심을 품을 특별한 권리를 안겨준다.)

만약에 만성적인 병을 앓으면서 쇠퇴하며 하강하는 과정을 대표하고 있는 사람이라면, 그 사람은 거의 가치를 지니지 못한다.

최대한 공정하게 다룬다면, 이 사람은 훌륭한 것을 갖춘 사람들로부터 공간과 힘, 햇빛을 가능한 한 적게 빼앗아야 할 것이다. 이 경우에 사회의 의무는 그 사람의 이기심을 억압하는 것이다 (왜냐하면 이기심이 간혹 부조리하고, 병적이고, 선동적인 모습을 보이기 때문이다).

■ 권력 의지

인간은 자연이다

우리 인간은 자연에 대해 논하면서 그만 자신을 망각하고 있다. 인간이 자신을 어떤 식으로 보든, 인간도 자연인데 말이다.

■ 인간적인, 너무나 인간적인

자연을 오해하지 마라

　맹수(猛獸)와 맹수를 닮은 인간(예를 들면, 체사레 보르자(Cesare Borgia)[1])은 기본적으로 오해를 받고 있다. 우리 인간이 열대의 온갖 기이한 생명체와 초목 중에서 가장 건강한 생명체들의 체질에서 "병적인 구석"을 찾는 한, "자연"은 오해를 받지 않을 수 없다.

■ 선과 악을 넘어서

....
1 　르네상스 시대의 정치가(1475-1507)로 교회군 사령관과 추기경으로도 활동했나. 그가 권력을 추구한 행태는 '군주론'을 쓴 마키아벨리(Niccolo Machiavelli)에게 깊은 인상을 주었다.

006
인간이 사라진다 해도
지구는 슬퍼하지 않는다

인간의 가치들이 방문자의 가치로서 마땅히 있어야 할 자리에 다시 한 번 더 놓일 수 없는 이유가 뭔가?

이미 많은 종의 동물들이 사라졌다. 인간이 사라진다 해도, 이 세상엔 모자라는 것은 하나도 없다. 인간은 이런 "무"(無)에도 경탄할 수 있는 그런 철학자가 되어야 한다. …

인간은 곧잘 흥분하는 동물들의 한 작은 종에 지나지 않으면서도 다행히 자신의 시대를 맞고 있다. 그럼에도 지구상의 생명은 대체로 어느 한 순간의 문제이고, 하나의 사건이며, 전혀 아무런 중요성을 지니지 않는 하나의 예외이고, 지구의 전반적인 성격에 전혀 아무런 의미를 지니지 않는 그 무엇이다.

지구 자체는 모든 별들처럼 두 개의 무(無) 사이에 있는 하나의 틈이며, 계획이나 이성, 의지 또는 자의식 같은 것은 전혀 없는 하나의 사건이고 최악의 필연이며, 어리석은 필연이다. … 그런데 우리 내면에 있는 무엇인가가 이런 관점에 반대하고 있고,

뱀 같은 허영심이 우리의 가슴에 대고 이렇게 속삭이고 있다. "이 모든 것은 거짓일 뿐이야. 그것들이 분노를 일으키니까 말이다. … 이 모든 것은 단지 현상에 불과해."

■ 권력 의지

007
인간의 본성은
평등을 추구하지 않는다

승리와 탁월에 대한 욕망은 인간 본성의 근절 불가능한 특징이
며, 그 욕망은 평등에 대한 존경이나 평등에서 느끼는 즐거움보
다 훨씬 더 오래되고 훨씬 더 원시적이다.

■ 인간적인, 너무나 인간적인

평등이라는 이름의 무능

　평등을 설교하는 자들이여, 그대들의 안에서 무능이라는 폭군 같은 광기가 "평등"을 외치고 있구나! 더없이 은밀한 그대들의 갈망이 미덕처럼 들리는 단어로 위장하고 있구나!

　안달하는 자만심과 억눌린 시기심이, 어쩌면 그대들의 조상들의 것일지도 모르는 자만심과 시기심이 그대들의 가슴에서 복수의 불꽃과 광기로 폭발하고 있구나.

■ **차라투스트라는 이렇게 말했다**

절대로 평등할 수 없는 인간

나는 나 자신이 평등을 설교하는 자들과 혼동되는 것을 원하지 않는다. 정의(正義)가 나에게 이렇게 말하고 있기 때문이다. "인간은 절대로 동등하지 않아."

그리고 인간은 절대로 평등해질 수 없다.

■ **차라투스트라는 이렇게 말했다**

극소수만이 독립적인 존재다

　독립적인 존재가 될 수 있는 사람은 극소수에 지나지 않는다. 독립은 강한 자들만의 특권이다. 독립할 능력을 갖춘 사람도 굳이 독립을 추구할 필요까지는 없지만, 어쨌든 독립을 시도하는 사람은 누구나 자신이 강한 존재일 뿐만 아니라 대단히 과감한 존재라는 점을 증명하게 된다.

■ 선과 악을 넘어서

완벽한 유형은
마키아벨리주의

정치학에서는 어떠한 철학자도 완벽한 유형이 어떤 유형인지에 대해 의심을 품지 않는다. 완벽한 유형은 당연히 마키아벨리주의이다. 그러나 순수하고, 섞임이 없고, 거칠고, 신선하고, 힘과 신랄함을 고스란히 간직하고 있는 마키아벨리주의는 초인적이고, 신성하고, 초월적이며, 인간에 의해서는 성취될 수 없다. 인간이 기껏 할 수 있는 것은 거기에 근접하는 것뿐이다.

■ 권력 의지

완전한 여자, 완전한 남자

　여자들은 자기 연인이 자신의 사랑을 받을 만한 가치가 없을 수 있다는 생각에 얼굴이 하얗게 질리고, 남자들은 자신이 자기 연인을 사랑할 만한 가치를 지니지 못했을 수 있다는 생각에 얼굴이 하얗게 질린다. 지금 나는 완전한 여자들과 완전한 남자들에 대해 말하고 있다.

■ 여명

013
세상은 절대로
합리적이지 않다

　이 세상이 어떤 영원한 합리성을 구현하는 추상적인 실체가 아니라는 것은 우리가 너무나 잘 알고 있는 이 세상의 한 조각인 인간의 이성이 조금도 합리적이지 않다는 사실로도 충분히 증명되고 있다.

　인간의 이성이 영원히, 또 절대적으로 현명하지도 않고 합리적이지도 않다면, 세상의 나머지도 마찬가지로 현명하지도 않고 합리적이지도 않다.

■ 인간적인, 너무나 인간적인

진정한 이타심은 없다

개인적인 동기가 조금도 작용하지 않는 가운데, 오직 타인만을
위해서 어떤 일을 한 사람은 지금까지 한 사람도 없었다.

■ 인간적인, 너무나 인간적인

인간에 관한 유치한 생각들

지금까지 제시된 인간에 관한 생각들 중에서 노망기가 가장 강하게 느껴지는 생각은 "자아는 언제나 가증스럽다."라는 그 유명한 말에 담겨 있으며, 가장 유치한 생각은 이보다 더 유명한 가르침인 "이웃을 너 자신처럼 사랑하라."라는 말에 담겨 있다.

앞의 말로 인해 인간들에 대한 이해가 멈춰버렸고, 후자의 가르침으로 인해 인간들에 대한 이해가 아직 다시 시작되지 못하고 있다.

■ 인간적인, 너무나 인간적인

중요한 것을 무시하는
모순적인 태도

실제로 가장 중요하게 여기고 있는 것들을, 다시 말해 하루라도 빠뜨리면 살아남을 수 없는 것들을 가식적으로 경멸하는 태도가 우리 인간에게 있다. 예를 들면, "살기 위해서 먹을 뿐이야."라는 말이 있다. 이건 가증스런 거짓말이다. 아이를 낳는 것이 온갖 성적 쾌락의 진정한 목적이라고 말하는 것과 다를 바가 없다.

■ 인간적인, 너무나 인간적인

017

관대함과 인내는
결점을 은폐하는 미덕

권력을 행사하는 것은 힘이 들고 용기가 요구되는 일이다. 너무나 많은 사람들이 아주 합당한 권리까지도 주장하지 않는 이유가 바로 거기에 있다. 그들의 권리가 일종의 권력이기 때문이다. 많은 사람들이 너무나 게으르거나 너무나 소심한 탓에 그런 권리를 행사하지 않는다. 이런 결점을 은폐하는 미덕들에게 붙여진 이름이 바로 관대함과 인내이다.

■ 인간적인, 너무나 인간적인

인간을 옭아매고 있는 굴레들

인간이 한 마리 동물처럼 행동하는 것을 잊도록 하기 위해, 인간에게 많은 굴레가 씌어졌다. 그 결과, 정말로 인간은 다른 어떤 동물보다 더 점잖고, 더 지적이고, 더 유쾌하고, 더 사려 깊은 존재가 되었다. 그러나 지금 인간은 너무나 오랫동안 굴레에 얽매어 지낸 탓에, 또 너무나 오랫동안 신선한 공기와 자유로운 움직임을 누리지 못한 탓에 여전히 고통을 받고 있다.

누누이 강조했듯이, 이 굴레들은 도덕적, 종교적, 형이상학적 사상들이 저지른 중대한 실수이다. 오직 이 굴레들을 벗어던질 수 있을 때에만, 인간의 첫 번째 위대한 목표인 인간과 수성(獸性)의 분리가 성취될 것이다.

■ 인간적인, 너무나 인간적인

근본적인 동기는
권력에 대한 사랑

필요도 인간의 악령이 아니고 욕망도 인간의 악령이 아니다. 바로 권력에 대한 사랑이 인간의 악령이다. 인간에게 가능한 모든 것을, 이를테면 건강과 식량, 피난처, 쾌락을 안겨 줘보라. 그래도 인간은 불행하고 변덕스런 모습을 보일 것이다. 이유는 권력에 대한 사랑이라는 인간의 악령이 하염없이 기다리고 있는데, 이 악령을 반드시 만족시켜야 하기 때문이다.

■ 여명

020
지배하는 즐거움, 권력 의지

생명체가 발견되는 곳마다, 거기서 나는 권력 의지를 발견했다. 심지어 하인의 의지에서도 주인이 되려고 하는 의지가 확인되었다.

약한 자는 강한 자를 섬기는 한편으로 자신보다 약한 자에게 군림하려 든다. 지배하는 즐거움 하나만은 약한 자도 버리려 하지 않는 것이다.

약한 자가 자기보다 더 강한 자에게 굴복함으로써 자기보다 더 약한 자에게 권력을 행사하는 기쁨을 누리듯이, 대단히 강한 자도 권력을 위해 굴복하며 목숨까지 건다. 강한 자들의 굴복은 모험과 위험을 무릅쓰고, 목숨을 걸고 주사위를 던지는 것이다.

-차라투스트라는 이렇게 말했다

자기 보존이 아니라
힘의 방출을 원한다

심리학자들은 자기 보존 본능을 유기체의 근본적인 본능이라고 최종 결론을 내리기 전에 더 깊이 숙고해야 한다.

무엇보다도, 살아 있는 존재는 자신의 힘을 방출하길 원한다. 생명 자체는 권력 의지이며, 자기 보존은 종종 권력 의지의 간접적인 결과로 나타날 뿐이다.

■ 선과 악을 넘어서

022
인류 발전의 원동력은 열정

대단히 강하고 사악한 정신의 소유자들이 인류 발전에 기여를 가장 많이 했다. 잠자는 열정에 불을 붙이는 존재들이 언제나 그들이기 때문이다. 반면에 질서가 잡힌 사회는 예외 없이 그런 열정을 달래어 잠들게 한다.

■ 즐거운 지식

인간을 성장시킨 4가지 오류

인간은 오류를 통해 성장해 왔다. 첫째, 인간은 언제나 자신을 불완전한 존재로 보았다. 둘째, 인간은 있지도 않은 가상의 자질들을 스스로에게 부여했다. 셋째, 인간은 동물과 자연과의 관계에서 언제나 자신의 위치가 잘못되어 있다고 느꼈다. 넷째, 인간은 늘 가치들의 목록을 새로 고안하면서 한동안 그것을 영원하고 무조건적인 것으로 받아들였다. 그래서 어떤 때는 이 충동 또는 상태가, 다른 때는 저 충동 또는 상태가 맨 앞자리를 차지하면서 고귀한 것으로 여겨졌다.

이 4가지 오류의 영향을 지워 버린다면, 아마 인간성과 인간다움, "인간의 존엄"도 사라지고 말 것이다.

■ 즐거운 지식

사람은 좀처럼 변하지 않는다

　인간을 처벌하고, 비난하고, 향상시키는 문제에 대해 더 이상 생각하지 않도록 하자. 우리는 개인을 좀처럼 변화시키지 못한다. 개인을 변화시키는 데 성공한다면, 아마 우리가 알지 못하는 사이에 다른 문제가 생겨날 것이다. 바로 우리 자신이 그 개인 때문에 변화할 수 있다는 뜻이다.

　차라리, 앞으로 닥칠 모든 일에 대한 우리의 영향력을 그 개인의 영향력보다 월등히 더 크게 키우도록 하자. 직접적으로 싸움을 벌이지 않도록 하자. 직접적인 싸움의 범주에는 온갖 탓과 처벌, 그리고 향상시키려는 욕망이 포함된다.

■ 즐거운 지식

자기 보존이라는 이름의 절망

　단순히 자기 보존만을 추구하는 것은 절망의 상태를 보여주고 있거나, 권력 확장을 목표로 잡고 있는 근본적인 생명 본능이 한계에 도달했다는 점을 보여주고 있다. 이 생명 본능은 권력 확장을 꾀할 수 있는 상황에서 종종 자기 보존에 이의를 제기하며 자기 보존을 희생시킨다.

■ 즐거운 지식

026
자기 자신을 즐기지 않는 원죄

인류가 존재한 이래로, 우리 인간은 자기 자신을 거의 즐기지 않았다. 형제들이여, 바로 그것이 우리의 원죄이니라!

■ **차라투스트라는 이렇게 말했다**

생명의 샘에 독을 푸는 존재

생명은 기쁨의 샘이지만, 어중이떠중이들도 함께 마시면 모든 샘에 독이 풀리게 된다.

■ **차라투스트라는 이렇게 말했다**

더 악해지고 더 훌륭해 져라

인간이 최선의 것을 이루기 위해선 최악의 것이 필요하다.

최악의 것에 속하는 것은 모두 최고의 힘이고, 최고의 창조자에게 필요한 가장 단단한 돌이다. 따라서 인간은 한층 더 악해짐으로써 한층 더 훌륭해져야 한다.

■ **차라투스트라는 이렇게 말했다**

029

내면의 모든 것은 양면적이다

　가혹함과 폭력, 예속, 거리(街)와 가슴 속의 위험, 비밀, 금욕,
유혹의 기술, 다시 말해 인간의 내면에 있는, 사악하고 무시무시
하고 무도하고 약탈적이고 음흉한 모든 것은 인간 종(種)을 고양
시키기도 하고 쇠퇴시키기도 한다.

■ 선과 악을 넘어서

두 종류의 쾌락

심리학자들의 심각한 혼동은 그들이 두 가지 종류의 쾌락을, 말하자면 잠을 자는 쾌락과 승리의 쾌락을 분명하게 구분하지 않은 데서 비롯되었다. 소진한 사람들은 휴식을 취하고 팔다리를 느슨하게 풀고 평화롭게 침묵을 지키길 원한다. 그런 요소들이 니힐리즘 종교와 철학이 말하는 행복이다.

반면에 생기가 넘치는 자들과 능동적인 자들은 승리를 원하고, 반대자들을 물리치고, 자신의 권력 감정을 보다 넓은 지역으로 확장하길 원한다. 유기체의 건강한 기능들은 모두 이런 욕구를 느낀다. 유기체는 복잡한 체계들로 이뤄져 있는데, 이 체계들은 모두 권력 감정의 증대를 위해 노력하고 있다.

■ 권력 의지

위대한 고통의 시련

고통의 훈련, 극한적인 고통의 훈련. 지금까지 모든 인간의 진
보를 낳은 것이 오직 그런 고통의 훈련이었다는 것을 당신은 모
르는가?

■ 선과 악을 넘어서

고통도 종의 보존에 유익하다

　고통에도 쾌락에 담겨 있는 것 못지않게 많은 지혜가 담겨 있
다. 쾌락과 마찬가지로, 고통도 종의 자기 보존에 대단히 유익한
요소이다. 그렇지 않았다면, 고통은 이미 오래 전에 사라졌을 것
이다. 고통이 아픔을 준다는 사실은 고통에 반대해야 하는 증거
가 절대로 되지 못한다. 아픔을 주는 것이야말로 고통의 본질이
기 때문이다.

■ 즐거운 지식

033
즐거움의 원천, 잔인성

비극에서 통증을 수반하는 즐거움을 느끼게 하는 것은 바로 비극의 잔인성이다. 소위 비극적 공감에서, 그리고 형이상학의 더없이 높고 섬세한 전율(戰慄)에 이르기까지 숭고한 것으로 여겨지는 모든 것들의 바탕에서 작동하고 있는 것은 모두 그 달콤함을 오직 거기에 섞여 있는 잔인성에서 끌어낸다.

■ 선과 악을 넘어서

034
불리한 조건과의
투쟁이 필수다

　기본적으로 불리한 조건과 오랫동안 투쟁을 벌이는 과정에, 종
(種)이 생겨나고 유형이 확고해지고 강해진다.

　그런 한편, 사육사들의 경험에 따르면 영양을 과다하게 공급받
고 전반적으로 안전과 보살핌을 많이 받는 종은 즉시 아주 놀라
운 방향으로 변이를 보이면서 천재도 많아지고 기형도 많아지는
경향을 보인다.

　　　　　　　　　　　　　　　　　■ 선과 악을 넘어서

사랑은 파괴하는 쪽이다

여자는 사랑이면 모든 것을 다 해낼 수 있다고 믿고 싶어 한다. 그것은 여자들에게만 있는 미신일 뿐이다. 정말 안타까운 일이지만, 인간의 가슴을 잘 아는 사람들은 더없이 깊고 훌륭한 사랑도 대단히 빈약하고, 대단히 허약하며, 위선적이고 우물쭈물한다는 것을 잘 알고 있다.

그렇듯, 사랑은 구원하기보다는 파괴하는 경향이 더 강하다.

■ 선과 악을 넘어서

고귀함의 징후들

고귀함을 나타내는 표시는 이런 것들이다. 자신의 의무를 모든 사람들이 두루 다 지는 그런 의무의 수준으로 낮추는 것에 대해선 생각조차 하지 않고, 자신의 책임을 부정하거나 다른 사람들과 나누려 들지 않고, 자신의 특권과 그것의 행사를 의무로 여기는 것이 고귀한 인간의 기본적인 태도이다.

■ 선과 악을 넘어서

젊음의 원천은
대립적인 본능들

　사람은 대조적인 본능들을 풍부하게 갖고 있을 때에만 생산적일 수 있다. 영혼이 일들을 가볍게 처리하려 들지 않고 평화를 갈망하지 않는 한에서만, 사람은 젊음을 유지할 수 있다.

■ 우상의 황혼

038
아폴론적 도취와
디오니소스적 도취

내가 뚜렷이 구분되는 두 가지 유형의 '도취'를 나타내는 용어로 미학에 소개한 대립적인 개념들, 즉 아폴론적인 도취와 디오니소스적인 도취는 무엇을 의미하는가? 아폴론적 도취는 무엇보다도 눈을 자극하는 하나의 힘으로 작용하며, 그래서 이 도취는 환상의 힘을 얻는다. 화가와 조각가, 서사시인은 기본적으로 공상가이다.

한편, 디오니소스적인 도취의 상태에서는 열정들의 전체 체계가 자극을 받고 강화되며, 그래서 이 도취 상태는 온갖 표현 수단을 다 동원해 스스로를 한꺼번에 방출한다.

■ 우상의 황혼

강한 르네상스인
나약한 현대인

시대들은 각각의 긍정적인 힘에 따라 평가되어야 한다. 이 기준으로 평가한다면, 넉넉한 관점에서 스스로 운명을 개척했던 르네상스 시대는 최후의 위대한 시대로 보이는 반면에, 자기 자신을 불안한 마음으로 돌아보며 이웃을 사랑해야 하는 현대인은 근면과 평등, 과학적 방법 등 소극적인 태도를 미덕으로 여기며 수집과 경제, 기계에 대한 욕망을 보이면서 나약한 시대를 대표하는 것 같다.

■ 우상의 황혼

040
생명력이 강한 사람
생명력이 약한 사람

주변의 사물들을 보다 풍성하고, 보다 강하고, 보다 미래 지향적인 것으로 봄으로써 그 사물들에게 자신도 모르게 가치를 보태는 사람들이 있다. 이런 사람들은 활력이 넘치는 사람들이다. 적어도 인류에 무엇인가를 기여할 수 있는 이런 사람들과 정반대로, 소진한 상태의 사람들은 자신들이 보는 모든 것의 가치를 떨어뜨리고 망쳐놓는다. 소진한 사람들은 가치를 축소시키는 해로운 존재이다. …

생명력이 빈약한 사람들, 즉 약한 자들은 삶을 약화시키고, 생명력이 풍부한 사람들, 즉 강한 자들은 삶을 풍요롭게 가꾼다. 약한 자들은 생명의 기생충이고, 강한 자들은 생명에 선물을 안겨주는 존재이다.

■ 권력 의지

익숙한 것을 새로운 것으로
볼 줄 아는 능력

독창적인 정신의 소유자들은 어떤 새로운 것을 처음 본다는 사실 때문에 두드러지는 것이 아니라, 모든 사람이 뻔히 보면서도 간과하고 있는, 오래되고 익히 잘 알려진 것들을 새로운 것으로 볼 줄 아는 능력 때문에 두드러진다.

■ 인간적인, 너무나 인간적인

042
강한 천성엔 독이 약이다

약한 천성의 소유자를 파괴하는 독(毒)도 강한 개인에겐 힘을 키우는 자극제가 된다. 강한 사람은 그것을 독이라 부르지도 않는다.

■ 즐거운 지식

강한 인간의 조건

    가장 강한 인간은 아주 중도적이다. 극단적인 형식의 신앙 조항을 필요로 하지 않는 사람. 어느 정도의 운(運)과 터무니없어 보이는 것을 인정할 줄 알 뿐만 아니라 그런 것들을 실제로 좋아하는 사람. 인간의 가치를 꽤 낮게 보는 관점을 바탕으로 인간에 대해 생각하면서도 그것 때문에 약해지거나 작아지지 않는 사람. 극도의 슬픔도 견뎌낼 수 있고, 따라서 슬픔을 그다지 두려워하지 않는 건강한 사람. 말하자면, 자신의 힘을 확신하고, 인간이 이룬 힘의 상태를 의식적으로 자부심을 갖고 느끼며 표현하는 사람이 바로 강한 인간이다.

■ 권력 의지

044
인간들의 자기 기만

인간들이 자신의 내면 세계의 근본적인 사실들과 관련해서 언제나 얼마나 거짓되고 기만적인지를 보라! 여기서 눈을 감아 버리고, 저기서 입을 닫아 버리고, 그러다 엉뚱한 곳에서 입을 열고 있으니 말이다.

■ 권력 의지

인간의 상반된 모습

인간이 자신의 길을 개척하고, 환경을 견뎌내면서 그것을 자신에게 유리하게 바꾸고, 적들을 타도하는 기술을 얼마나 잘 익히는지 그 과정을 지켜보라. 그러면 인간에 대한 존경은 아무리 커도 부족하다는 느낌이 들 것이다. 그러나 욕망이라는 측면에서 보면, 인간은 동물들 중에서 가장 터무니없는 존재이다. … 인간은 마치 강력하고 원기 왕성한 미덕들을 버리기 위해서 소심함과 나태, 허약, 부드러움, 순종이 놀 놀이터를 마련해 두고 있는 것 같다.

인간의 "데시데라타"(desiderata)[2]와 인간의 이상을 보기만 해도 알 수 있다. 욕망하는 인간은 자신의 내면에 있는 영원히 소중한 것들을 멀리하고 엉뚱하게 비(非)실재와 모순, 가치 없는 것, 유치한 것을 가까이하고 있다. 재치 있고 발명의 재능을 가진 유일한 동물인 인간의 지적 빈곤과 발명 능력의 부족은 그저 무섭기만 하다.

■ **권력 의지**

………
2 '진정으로 바라는 것'이라는 뜻의 라틴어 단어.

046
일관성 있는 유형은
어떤 존재인가?

일관성 있는 유형은 다음과 같은 것들을 잘 이해하고 있다. 악은 미워해서도 안 되고 저항해서도 안 된다는 것을, 자기 자신을 상대로 전쟁을 벌여서는 안 된다는 것을, 그런 삶의 방식이 야기하는 고통을 그저 묵묵히 받아들이기만 해서는 안 된다는 것을, 사람은 전적으로 긍정적인 감정 속에서 살아야 한다는 것을, 사람은 말과 행동에서 반대자의 편에 서야 한다는 것을, 사람은 평화롭고 친절하고 조화롭고 이롭고 사랑스런 상태들을 많이 축적함으로써 다른 상태들이 생겨날 토양을 빈약하게 만들어야 한다는 것을, … 마지막으로 사람은 부단히 실천해야 한다는 것을.

■ 권력 의지

인간이 되풀이하는
치명적 실수

　인간은 똑같은 실수를 반복해 왔다. 인간은 언제나 한 가지 중요한 척도에 지나지 않는 것을 엉뚱하게도 삶의 척도와 기준으로 바꿔놓았다. 인간은 생명력을 가장 높이 끌어올릴 수 있는 것에서, 성장과 소진의 문제에서 그 표준을 찾지 않고, 그 대신에 매우 명확한 어떤 종류의 생명을 보존하는 조치를 취하면서 그 조치를 다른 종류의 생명을 배제하는 데에, 심지어 생명 자체를 비난하는 데 이용하고 있다.

　말하자면, 인간은 조치들이 종국적으로 어떤 목적에 이르기 위한 수단이라는 점을 망각하고 조치 자체를 좋아하고 있다. 지금 우리 인간의 마음 속에서 조치가 목표를 대신하고 있으며, 조치가 심지어 인간이 추구해야 할 목표의 기준이 되고 있다. 다시 말하면, 어느 종의 인간들이 자신들의 생존 수단을 유일하게 합법적인 수단으로, 모든 사람들에게 강요해야 하는 수단으로, "진리"와 "선"과 "완벽"으로 여기고 있다는 뜻이다. 이 종은 사실상 전제 정치를 시작하고 있다. …

어떤 종의 인간들이 자신들의 종이 조건부 상태에 있다는 것을 인식하지 못할 때, 말하자면 자신의 종과 다른 종들의 관계를 이해하지 못할 때, 그 상태는 곧 신앙의 한 형식이고 본능의 한 형식이다. 어쨌든, 어떤 종의 인간(민족 또는 종족)이 관대해지고 평등권을 인정하고 더 이상 주인 되기를 원하지 않게 되자마자, 그 종의 인간은 파멸을 맞게 되는 것 같다.

■ 권력 의지

048
선한 인간은 약하다

"모든 선한 사람은 약하다. 선한 사람들이 악할 수 있을 만큼 충분히 강하지 못한 탓에 선하기 때문이다." 라투카 부족[3]의 추장 코모로(Comorro)가 베이커(Baker)에게 한 말이다. …

"심약한 사람은 불행을 모른다."라는 러시아 속담도 있다.

■ 권력 의지

....
3 아프리카 남수단의 한 부족.

049
정확한 역사 인식

　우리가 자기 자신을 아는 데는 직접적인 자기 관찰로는 절대로 충분하지 않다. 역사에 대한 통찰이 있어야 한다. 왜냐하면 과거가 수많은 경로로 우리를 관통하고 있기 때문이다. 종국적으로 보면, 우리라는 존재는 우리가 지속적인 이 흐름 속에서 매 순간 느끼는 감각에 불과하다.

■ 인간적인, 너무나 인간적인

이기심을 아는 것이
자기 자신을 아는 첫걸음

정해진 경계선 안에 있으면서 그 경계선을 절대로 넘지 않는 이기심 같은 것은 결코 있을 수 없다. 그러므로 일부 사람들이 말하는 "용인할 수 있는" 이기심이나 "도덕과 무관한" 이기심 같은 것은 존재할 수 없다.

"사람은 타인에게 피해를 입히면서 자신의 이익을 지속적으로 증진시킨다." "사는 것은 그 자체로 타인들에게 피해를 입히게 되어 있다." 이 같은 사실을 이해하지 못하는 사람은 자기 자신에게 정직하려는 노력의 첫 걸음조차 아직 떼지 않았다.

■ 권력 의지

존재와 생성

"이성"은 감각들의 편견에 근거한 어떤 감각적 토대 위에 발달했다. 말하자면, 이성은 감각들의 판단이 진리라는 믿음을 가진 상태에서 발달했다는 뜻이다.

"존재"(Being)는 "생명"(호흡)과 "생기를 주다", "의도하다" "행동하다" "되다"라는 개념을 일반화한 것이다.

그 반대는 "생기를 잃다" "되지 않다" "의도하지 않다" 등이다. 따라서 "존재"는 "비(非)존재"나 "현상"(現象)의 반대도 아니고 죽음의 반대도 아니다(왜냐하면 살 수 있는 것만이 죽을 수 있기 때문이다).

"생성"이 있는 곳마다, "영혼" 또는 "자아"가 원초적인 사실들로 여겨지며 소개되었다.

■ 권력 의지

수동성과 능동성

"수동적"이란 것은 무엇인가? 앞으로 움직이려는 행동이 방해를 받는 것이다. 따라서 수동성은 저항과 반발의 행위이다.

"능동적"이란 것은 무엇인가? 권력을 위해 팔을 뻗는 것이다.

"영양 섭취"는 오직 파생적이다. 원래의 현상은 모든 것을 통합시키려고 욕망하는 것이다.

"생식"은 오직 파생적이다. 원래는 이랬다. 어느 한 의지가 주위에서 착복한 것들을 조직할 수 없게 된 곳에서, 이 의지와 반대되는 의지가 분리를 책임지겠다고 나서면서 원래의 의지와 투쟁을 벌인 뒤 조직의 새로운 중심이 된다.

"쾌락"은 하나의 권력 감정이다(고통의 존재를 전제한다).

■ **권력 의지**

동물적인 기능의 중요성

어느 유기체의 안에서 일어나는 엄청나게 많은 사건들 중에서, 우리의 의식에 잡히는 부분은 단순히 수단에 불과하다. 그리고 "미덕"과 "이타심" 같은 공상적인 발명품은 나머지 사건들 전체에 의해 철저히 부정 당한다. 그래서 인간이라는 유기체를 연구할 때에는 비도덕적인 측면에서 접근하는 것이 훨씬 더 바람직하다.

사실은 동물적인 기능들이 영혼의 아름다운 상태와 의식의 높은 상태보다 백만 배 더 중요하다. 영혼의 아름다움과 의식의 고상함은 동물적인 기능에 이바지하는 도구로서 필요한 때를 제외하곤 그야말로 과잉이기 때문이다.

"살"과 "육체"라 불리는 것은 말로 표현할 수 없을 만큼 중요하다. 육체 앞에서 나머지들은 작은 부속물에 지나지 않는다. 생명을 더 강하게 만드는 방향으로 삶의 고리를 계속 엮어 나가는 것, 그것이 진짜 과제이다.

그러나 지금 가슴과 영혼, 미덕, 정신이 이 목표를 좌절시키기 위해 서로 어떤 식으로 힘을 모아 음모를 꾸미고 있는지를 관찰해 보라. 마치 가슴과 영혼, 미덕, 정신이 온갖 노력의 목적처럼 보이지 않는가! … 삶의 쇠퇴를 부르는 원인은 기본적으로 오류를 유독 잘 범하는 의식에 있다. 의식은 본능의 저지를 받지 않기 때문에 곧잘 심각한 실수를 저지른다.

　　그러니 존재의 가치를 의식의 유쾌한 감정이나 불쾌한 감정에 따라 평가하는 것보다 더 터무니없는 짓이 있겠는가? 의식은 분명히 하나의 수단에 지나지 않으며, 유쾌한 감정이나 불쾌한 감정도 마찬가지로 수단에 지나지 않는다.

　　그렇다면 객관적인 가치는 무슨 기준으로 측정해야 하는가? 더욱 증대되거나 조직된 권력의 양이 기준이 되어야 한다. 그 외에 다른 기준은 절대로 없다.

■ 권력 의지

강한 종은 어떤 존재인가

　가장 강하고, 부유하고, 독립적이고, 용기 있는 종의 경우에, 권력 의지가 "인간애"나 "민족애" "복음" "진리" "신" "동정" "자기희생" 등에 대한 사랑으로 나타난다. 또 압도하거나, 체포하거나, 다른 사람에게 봉사를 강요하거나, 본능적으로 자기 자신을 보다 큰 권력 집단의 일부로 여기며 그 집단에 방향을 제시하려는 행동으로도 나타난다. 영웅과 예언자, 카이사르, 구세주, 지도자 등이 그런 예이다.

■ 권력 의지

강한 자와 약한 자의 특징

의문스럽고 끔찍한 것을 선호하는 것은 힘을 보여주는 한 징후
이다. 반면에 사소하고 매력적인 것을 좋아하는 취향은 약한 자
와 섬세한 자의 특징이다.

■ 권력 의지

강한 인간 종의 수단

강한 인간 종이 스스로를 유지하는 수단은 이렇다.

강한 종은 자제력과 자유의 힘을 테스트하는 한 방법으로 스스로에게 예외적인 행위를 할 권리를 부여한다.

강한 종은 야만인 외에 다른 존재가 되는 것이 허용되지 않는 그런 상태를 스스로 포기한다.

강한 종은 온갖 종류의 금욕을 통해 의지의 힘을 더욱 키우려 노력한다.

강한 종은 속을 털어놓지 않고, 침묵을 실천하며, 모든 마법을 경계한다.

강한 종은 자립을 시험하는 방향으로 복종하는 법을 배운다. 명예와 관련된 문제에서 진정한 명예를 실천하도록 최대한 신경을 쓴다.

강한 종은 절대로 "이 사람에게 좋은 것은 당연히 저 사람에게도 좋아."라는 식으로 주장하지 않는다. 거꾸로, 강한 종은 보상하고 보답하는 능력을 하나의 특권으로, 하나의 명예로 여긴다.

강한 종은 다른 사람들의 미덕을 탐내지 않는다.

■ 권력 의지

위대한 성격의 조건

관대한 열정이든, 동정적인 열정이든, 적대적인 열정이든, 맹목적으로 열정에 굴복하는 것이 가장 위험한 악의 원인이다.

성격의 위대함은 이런 열정들을 갖지 않는 데 있는 것이 아니다. 정반대로, 인간은 이런 열정을 무서울 만큼 많이 갖되 그것들을 굴레를 씌워 이끌 수 있어야 한다.

■ 권력 의지

고귀함이란?

　무엇이 고귀한가? 지속적으로 어떤 역할을 하는 것. 잘난 척 하지 않을 수 없는 상황을 지속적으로 추구하는 것. 내면의 평화와 미덕, 안락, 그리고 스펜서(Herbert Spencer)류의, 영국 빈민가에서 천사처럼 잘난 척 구는 태도 등을 일컫는 그런 행복을 최대 다수에게 넘기는 것. 본능적으로 무거운 책임을 찾는 것. 심지어 최악의 경우까지 감수하면서 온 곳에서 적을 만드는 방법을 아는 것. 다수에게 말이 아니라 행동으로 맞서는 것. 그런 것들이 고귀함이다.

■ 권력 의지

위대한 인간들의 조건

위대한 인간들은 미덕만을 갖추고 있는 것이 아니라 미덕과 반대되는 것들까지 갖추고 있다. 나는 위대한 인간들이 바로 이런 상반된 요소들이 그들의 내면에 존재한다는 사실 때문에, 그리고 이 요소들이 불러일으키는 감정들 덕분에 발달을 꾀할 수 있었다고 믿는다. 왜냐하면 위대한 인간은 넓은 강의 양쪽 둑을 잇는 긴 아치 같은 존재이기 때문이다.

■ 권력 의지

인간은 불행을 피하지 않는다

인간은 행복을 추구하지도 않고 불행을 피하지도 않는다. 모두가 내가 여기서 반박하고 있는 그 유명한 편견을 잘 알고 있다. 쾌락과 고통은 단순한 결과이며 부수(附隨) 현상이다. 인간이 원하는 것은, 또 살아 있는 유기체의 아주 작은 부분들까지도 원하는 것은 권력의 증대이다. 권력의 증대를 추구하는 과정에 쾌락과 고통이 생겨난다. 유기체가 자신에게 반대하는 것들을 추구하고 자신의 길을 방해할 것들을 필요로 하는 것은 바로 이 권력 의지 때문이다. … 그러므로 고통은 권력 의지를 방해하는 것으로서 정상적인 특징이며 모든 현상의 자연스런 한 요소이다.

인간은 고통을 피하지 않는다. 정반대로, 인간은 고통을 끊임없이 필요로 한다. 모든 승리, 모든 쾌락의 감정, 모든 사건은 극복할 어떤 장애를 전제하기 때문이다.

가장 간단한 예인 원시적인 영양 섭취를 보도록 하자. 원형질은 자신에게 저항하는 것을 찾기 위해 위족(僞足)을 뻗는다. 배가 고파서 그러는 것이 아니라, 권력 의지 때문이다. 이어서 원형질은 위족에 걸려든 것을 정복하고, 착복하고, 통합하려 든다. 사람들이 "영양 섭취"라고 부르는 것은 단순히 하나의 파생적인 현상, 그러니까 더욱 강해지려는 원래의 의지를 적용한 결과이다.

　고통은 권력 감정의 약화와 거리가 아주 멀다. 실제로 보면 고통은 대개 권력 감정을 키우는 자극제가 된다. 장애가 권력 의지를 자극하는 요소인 것이다.

■ 권력 의지

고통의 의미가 문제다

인간에겐 고통 자체가 문제가 아니라, "내가 고통을 당하는 이유가 무엇인가?"라는 물음에 대한 답이 지금까지 없었다는 사실이 문제였다.

가장 용감하고 또 고통에 가장 익숙한 동물인 인간은 고통을 고통스런 것으로 여겨 부정하지 않는다. 고통의 의미가 확인될 경우에, 인간은 고통을 원하고 고통을 추구한다. 지금까지 고통 자체가 아니라 고통의 무의미함이 인간에게 저주로 작용했다.

■ 도덕의 계보

인간이 유일하게
웃는 동물인 이유

　나는 인간이 유일하게 웃을 줄 아는 동물이 된 이유를 잘 알고
있다. 인간만이 너무나 심한 고통을 당하다 보니 웃음을 발명하
지 않을 수 없었기 때문이다. 쉽게 예상할 수 있듯이, 가장 불행
하고 가장 우울한 동물이 가장 쾌활하다.

■ 권력 의지

여행자들의 등급

　여행자들은 다섯 등급으로 분류된다. 가장 낮은 등급은 여행하면서 오히려 관찰의 대상이 되는 사람들이다. 말하자면, 보이는 것만 보고 아무것도 이해하려 들지 않는 사람들이다. 그 다음 등급은 세상을 진짜로 보는 사람들이다. 세 번째 등급은 자신이 본 결과들을 경험하는 사람들이다. 네 번째 등급은 자신의 경험을 삶 속으로 녹이고 그 이후로 그 경험을 계속 안고 가는 사람들이다. 마지막으로, 아주 탁월한 사람들이 일부 있다. 이들은 집에 돌아오자마자 여행 기간에 경험한 모든 것을 자신의 실제 삶과 산물 속에서 구현하며 그것을 자신의 것으로 체화한다.

　이 다섯 부류의 여행자들처럼, 인간은 모두 인생이라는 길고 긴 순례에 나선다. 가장 낮은 등급에 속하는 사람들은 그야말로 수동적인 사람이고, 가장 높은 등급에 속하는 사람들은 경험의 잔재를 내면에 하나도 남기지 않고 모든 경험을 삶 속에서 행동으로 실현하는 사람들이다. 　　　　■ 인간적인, 너무나 인간적인

064
초인 앞에서
인간은 웃음거리이다

인간에게 원숭이는 무엇인가? 웃음거리이고 수치이다. 인간과 초인(超人)의 관계도 꼭 그렇다. 초인에게 인간은 웃음거리이고 수치이다.

■ **차라투스트라는 이렇게 말했다**

죽음이 축제가 되게 하라

모두가 죽는 것을 중대한 문제로 여기고 있지만, 그럼에도 아직 죽음은 축제가 되지 못하고 있다. 사람들은 최고로 멋진 축제를 시작하는 방법을 좀처럼 배우지 못하고 있다.

■ 차라투스트라는 이렇게 말했다

나의 위안

　인간의 본성이 사악하고, 이 같은 사실이 인간의 힘을 보장한다는 점이 나에겐 위안이 된다.

　　　　　　　　　　　　　　　■ 권력 의지

chapter 2

삶에 대하여

~

친절한 사람이 되고 싶거든
오랫동안 친절한 사람인 척 위장하도록 노력하라.
정직도 마찬가지로 정직하고 진실해 보이려는
노력에 의해 더욱 성숙된다.
이렇듯, 허위는 친절과 정직의 어머니는 아니다 하더라도
보모 정도는 된다.

067
바다 같은 존재가 되어라

사람은 바다 같아야 한다. 그래야만 오염된 강물을 받아들여도 더럽혀지지 않을 것이다.

■ **차라투스트라는 이렇게 말했다**

068
행동이 최우선이다

　사람은 행동을 약속할 수는 있지만, 감정을 약속하지는 못한다. 감정이란 것은 절대로 마음대로 되는 것이 아니기 때문이다.

■ 인간적인, 너무나 인간적인

069
허위는 삶의 한 조건

허위를 삶의 한 조건으로 인정하는 것. 그것은 틀림없이 가치에 관한 인습적인 사상들을 위험하게 공격하는 것이며, 그런 시도를 꾀하는 철학은 그 같은 사실 하나만으로도 이미 선과 악 그 너머에 선다.

■ 선과 악을 넘어서

회의론자가 되어라

확신은 감옥이다. 확신은 절대로 충분히 멀리 보지 않는다. 확신은 충분한 높이에서 내려다보지도 않는다. 그러나 사람은 가치와 비(非)가치의 문제에 대해 어떤 말이라도 하려면 자기 밑으로, 또 자기 뒤로 적어도 500개의 확신을 볼 수 있어야 한다. …

위대한 것을 갈망하는 정신이나 위대한 것에 이를 수단을 갈망하는 정신의 소유자는 반드시 회의론자가 되어야 한다. 온갖 종류의 확신으로부터의 자유는 곧 힘이고, 눈을 자유롭게 뜰 수 있는 능력이다.

■ 적그리스도

부속품은 되지 마라

창피하지도 않은가! 당신이 어떤 체계의 일부가 되길 원하고 있으니. 거기선 당신이 철저히 하나의 바퀴가 되어야 하고, 그렇게 하지 않을 경우엔 다른 바퀴들에게 으스러질 위험이 있는데도 말이다.

거기선 모두가 상사의 평가에 좌우될 것이고, "인맥"을 찾는 일이 당연한 의무가 될 것이고, 누군가에게 관심을 쏟다가 주변으로부터 "그렇지, 저 사람 정도면 언젠가 당신한테 도움을 줄 수 있을 걸!" 하는 핀잔을 들어도 모욕감을 느끼지 않고, 누군가에게 호의를 부탁하면서도 전혀 수치심을 느끼지 않을 것이다.

또 거기서는 도덕에 자발적으로 복종할 경우에 스스로 자연의 평범한 작품이라는 낙인을 영원히 찍게 된다는 의심조차 품지 않게 된다. 그런 분위기에 휩쓸리다 보면 다른 사람들이 아무 책임감을 느끼지 않고 당신을 마음대로 부리다가 여차하면 버릴 텐데도 말이다.

그러는 당신을 보고 있으면 마치 이렇게 말하는 것 같은 생각이 든다. "나 같은 사람은 결코 부족하지 않을 테니, 나를 마음대로 부리시오. 격식을 차릴 필요도 없소."

■ 여명

후회하지 마라

　자신의 행동과 관련해서 소심한 마음을 품지 마라. 사람은 돌연한 수치심이나 고통의 압박 속에서도 비틀거리는 모습을 보여서는 안 된다. 그런 상황에서는 오히려 극도의 자부심이 더 잘 어울린다.

　후회라는 것이 도대체 어디에 소용이 있단 말인가! 후회한다고 해서 행동이 없어지는 것도 아니다. 행동이 "용서되거나" 행동에 대해 "속죄했다"고 해서 나아지는 것은 하나도 없다.

　잘못을 지워주는 그런 어떤 권력을 믿는 사람은 신학자가 되어야 할 것이다. 우리 비도덕주의자들은 "잘못"을 믿지 않는 쪽을 선호한다. 우리는 종류를 불문하고 행동은 근본적으로 똑같은 가치를 지닌다고 믿는다. 우리에게 불리한 행동도 경제적인 관점에서 보면 유익할 수 있고 심지어 대체적으로 바람직할 수도 있으니 말이다.

■ 권력 의지

073
독수리의 높이에서 보라

관찰할 때, 우리는 아주 높이 올라가야 한다. 독수리가 날아다니는 그 높이까지 올라가야 한다. 그래야만 모든 것이 저마다 일어나야 하는 대로 일어나고 있다는 것을, 모든 "불완전"과 그 불완전이 수반하는 고통은 바람직한 모든 것에 고유하다는 것을 이해할 수 있다.

■ 권력 의지

이의를 제기하는 능력을 키워라

　모순을 인내하는 능력이 문화의 수준을 말해주는 지표라는 것을 오늘날 모두가 잘 알고 있다. 보다 고상한 사람은 혹시 자신이 모르고 있을지도 모르는 편향성을 찾아내기 위해 반대 의견을 환영할 뿐만 아니라 더 나아가 고무하기까지 한다.

　그러나 이의를 제기하는 능력, 다시 말해 익숙한 것과 인습적인 것과 신성시되고 있는 것에 맞설 수 있는 훌륭한 양심을 키우는 것이 모순을 인내하는 능력보다 훨씬 더 중요하다. 이의를 제기하는 능력이야말로 우리 문화에서 진정으로 위대하고 새롭고 놀라운 것이며, 해방된 지성의 모든 걸음들 중 최고의 걸음이다. 그런데 누가 그 같은 사실을 알고 있는가?

■ **즐거운 지식**

공동선은 모순이다

　많은 사람과 의견의 일치를 이루려 하는 나쁜 취향을 버려라. 어떤 사람이 가진 "선한" 것은 그 사람의 이웃이 그것을 삼킨 경우에 더 이상 선한 것이 될 수 없다. 그러니 "공동선"이 어떻게 있을 수 있겠는가? 공동선이라는 표현 자체가 모순이다. 공통적인 것의 가치는 언제나 낮다.

■ 선과 악을 넘어서

뿌리를 생각하는 습판을 길러라

　모든 행동은 처음에 동기와 상관없이 공동체에 안겨주는 유익하거나 해로운 효과만을 근거로 좋거나 나쁜 것으로 평가받는다. 그러나 이 같은 구분의 기원은 곧 잊힌다. 그러면 행동의 효과는 더 이상 고려하지 않는 상태에서 "좋은" 특징이나 "나쁜" 특징이 그 행동 자체에 들어 있는 것으로 여겨지게 된다.

　　　　　　　　　　　■ 인간적인, 너무나 인간적인

소유물이 주인이 되어서야

소유는 오직 어느 선까지만 인간을 더 자유롭게 만들고 더 독립적인 존재로 만든다. 그러나 적절한 선에서 한 걸음이라도 벗어나는 순간, 소유물이 주인이 되고 소유자인 당신은 노예가 되어 버린다.

■ 인간적인, 너무나 인간적인

078
삶의 짐을 더 늘려라

삶의 짐이 너무 무겁다고 생각되는가? 그렇다면 당신의 삶의 짐을 더욱 늘려야 할 때이다.

■ 인간적인, 너무나 인간적인

079
동정심은 약함의 표현이다

동정은 실제로 고통을 낳는다는 점에서 보면 하나의 약점이다. 여기서 동정이 고통을 낳는다는 생각이 우리의 유일한 견해가 되어야 한다. 이런 측면에서 본다면, 동정은 어떤 해로운 감정에 몰입하는 것과 다를 바가 없다.

동정은 전 세계적으로 고통을 증대시킨다. 비록 동정의 결과로 인해 여기저기서 고통이 간접적으로 어느 정도 완화되거나 완전히 사라진다 할지라도, 우리는 그처럼 이따금 나타나는 결과를, 피해를 야기하는 동정의 본질을 정당화하는 데 이용해서는 안 된다. 동정으로 인해 일어나는 고통의 완화나 해소도 대체로 그다지 중요하지 않다.

단 하루만이라도 동정이 세상을 지배한다고 가정해 보라. 그러면 인류는 완전히 쇠락하고 말 것이다. 동정의 본질은 그 자체로 다른 온갖 갈망의 본질에 비해 조금도 더 나을 것이 없다.

■ 여명

위선의 정원에서 얻는 결실

친절한 사람이 되고 싶거든 오랫동안 친절한 사람인 척 위장하도록 노력하라. 그 길이 친절을 익히는 최선의 방법이다. … 이렇듯, 허위는 사실 친절의 어머니는 아니더라도 어쨌든 친절의 보모는 된다.

정직도 마찬가지로 정직하고 진실해 보일 필요성에 의해 더욱 성숙된다. 그런 위장을 줄기차게 연습하다 보면 결국엔 친절이나 정직의 실제 성격을 얻게 되는 것이다. 최종적으로 위장은 저절로 약해지다가 사라지고, 그러면 본능들은 그 위선의 정원에서 얻는 뜻밖의 결실이 된다.

■ 여명

자연 앞에서 진지해져라

동물과 식물에 감상적인 모습을 보이는 것보다 더 모순적인 것이 있을까? 동물과 식물을 마구잡이로 약탈해 동식물의 가장 무서운 적이 되어버린 인간이 그런 감상성을 보인다는 사실이 너무나 혐오스럽지 않은가? 인간이 동식물의 무시무시한 적인 주제에 인간의 손에 훼손되고 약해진 희생자들에게 최종적으로 애정의 감정까지 요구하고 있으니 말이다. 어떤 부류에 속하는 사람이든 생각이 있는 존재라면, 무엇보다 먼저 자연 앞에서 진지할 줄 알아야 한다.

■ 여명

자기 자신에게 불만을 품어라

당신은 자기 자신에게 불만을 품거나 자신 때문에 괴로워하길 거부한다. 그러면서 당신은 그런 태도를 도덕적인 성향이라고 부른다. 하지만 다른 사람들은 당신의 그런 점을 비겁이라고 부를지 모른다.

한 가지만은 확실하다. 당신이 세계 일주 여행을 떠나는 일은 절대로 없을 것이라는 점이다(그리고 당신 자신이 곧 이 세상이라는 점이다). 그러는 당신은 이 지구 표면 위에 어쩌다 생겨난 하나의 우연이자 하나의 흙덩이에 불과한 당신 자신 안에 언제나 그대로 남아 있을 것이다.

■ 여명

다른 사람들을 의식하지 마라

　다른 사람들이 당신에 대해 무슨 말을 하는지 매일 엿들으려 하거나, 다른 사람들이 당신에 대해 어떤 식으로 생각하고 있는지 파악하려고 애를 쓴다면, 아무리 강한 사람일지라도 당신은 머지 않아 파멸하고 말 것이다. 당신의 이웃이 당신이 살아가도록 내버려두는 것은 매일 당신을 놓고 이러쿵저러쿵 수군대기 위함이 아닌가! 그런 그들에게 당신이 권리를 주장하고 나서면, 그들은 틀림없이 당신을 참지 못할 것이다. 그럴진대 하물며 당신이 그들 앞에서 옳기를 바란다면, 그들은 당신을 정말로 참아내지 못할 것이다.

　한 마디로 말해, 전반적인 평화를 위해서 제물을 바치고, 이웃들이 당신에 대해 무슨 말을 하든 듣지 말 것이며, 그들이 당신을 칭찬하든 비난하든 아니면 당신을 위해 기도를 하든 그런 일에 신경을 쓰지 않도록 하라는 뜻이다.

■ **여명**

4가지 근본적인 미덕

　당신 자신에게도 정직하고 당신에게 호의적인 모든 사람들과 모든 사물들에게도 정직하라. 그리고 적 앞에서 용감할 것이며, 패배한 자에게 관대하고, 항상 정중하게 처신하라. 4가지 근본적인 미덕이 당신에게 그렇게 할 것을 권하고 있다.

■ 여명

085
베푸는 사람을 피하라

　우리에게 "은혜를 베푸는 사람들"이 적들 이상으로 우리의 가치와 결단력을 떨어뜨린다.

■ 즐거운 지식

늘 자기 자신을 능가하라

나는 그대들에게 초인을 가르치노라. … 인간은 극복해야 할
그 무엇이니라.

■ **차라투스트라는 이렇게 말했다**

높은 곳으로 올라가라

그대들은 고양되기를 원할 때 위를 올려다보고, 나는 이미 높은 곳에 있기 때문에 아래를 본다.

그대들 가운데 웃으면서 높은 곳으로 올라갈 수 있는 자가 있는가?

가장 높은 산에 오른 사람은 모든 비극과 비극적인 현실을 비웃는다.

용감하고, 태연하고, 냉소적이고, 위압적인 존재가 되기를, 지혜는 우리에게 바라고 있다. 지혜는 여인과 같아서 언제나 전사(戰士)를 사랑한다.

■ 차라투스트라는 이렇게 말했다

088
벗을 미워할 줄 아는 지혜

지혜로운 사람은 적을 사랑할 줄도 알아야 할 뿐만 아니라 벗을 미워할 줄도 알아야 한다.

■ **차라투스트라는 이렇게 말했다**

089
취향의 아름다움

벗들이여, 그대들은 취향에 대해선 어떠한 논쟁도 가능하지 않다는 식으로 말하려 하는가? 그러나 삶은 모두 취향에 관한 논쟁에 지나지 않는다네. 취향, 그것은 동시에 무게이고 저울이며 무게를 측정하는 관리(官吏)라네. 아, 슬프도다! 무게와 저울, 무게를 측정하는 관리를 놓고 논쟁을 벌이지 않는 가운데 삶을 살려고 하는 인간들이여!

■ **차라투스트라는 이렇게 말했다**

거목이 자랄 환경은 달라야 한다

당신의 토양은 너무 부드럽고 너무 비옥하다. 그러나 나무가 거목으로 자라나려면 튼튼한 뿌리로 단단한 바위를 감을 수 있어야 한다.

■ 차라투스트라는 이렇게 말했다

091
원할 줄 아는 능력

늘 당신이 원하는 일을 하되, 그보다 먼저 당신은 무엇이든 원할 줄 아는 존재부터 되어야 한다.

■ **차라투스트라는 이렇게 말했다**

092

당신 자신을 먼저 사랑하라

이웃을 당신 자신만큼 사랑하되, 그보다 먼저 당신 자신부터
사랑할 줄 아는 사람이 되어야 한다.

■ **차라투스트라는 이렇게 말했다**

고민하는 삶이 아름답다

평범한 삶에 만족하는 사람은 그저 생각 없이 살기를 원한다. 그러나 생명을 소중히 여기는 사람은 그 생명에 대한 대가를 최대한 많이 내놓을 수 있는 길이 어떤 것인지를 놓고 늘 고민한다.

■ 차라투스트라는 이렇게 말했다

어디로 향하고 있는지를 물어라

이제부터는 당신이 어디서 왔는지를 명예의 기준으로 삼을 것이 아니라 당신이 어디로 향하고 있는지를 명예의 기준으로 삼도록 하라. 당신 자신을 초월하려는 당신의 의지와 발걸음, 그런 것이 새로운 명예가 되어야 한다.

■ **차라투스트라는 이렇게 말했다**

095
다시 살고 싶은 욕망이
생기도록 살아라

나의 원리는 이것이다. 다시 살고 싶다는 욕망이 생겨날 수 있도록 삶을 살아라. 그것이 당신의 의무이다. 어쨌든 당신은 다시 살게 될 테니까. 분투하는 것이 가장 큰 행복인 사람은 분투하도록 하라. 평화가 가장 큰 행복인 사람은 휴식을 취하도록 하라. 복종하고 추종하고 따르는 것이 가장 큰 행복인 사람은 복종하고 따르도록 하라.

■ 영원 회귀

운명을 탓하지 마라

운명을 한탄하는 것은 언제나 경멸스런 짓이다. 운명을 탓하는 것은 언제나 약함의 결과이다. 사람이 자신의 불행을 다른 사람의 탓으로 돌리든 자신의 탓으로 돌리든, 그것은 똑같다. 자신의 처지를 사회주의자는 남의 탓으로 돌리고, 기독교 신자들은 자신의 탓으로 돌린다.

두 가지 태도에 공통적인 것은, 아니 두 가지 태도에서 똑같이 비열한 것은 사람이 고통을 당하면 누군가가 반드시 비난을 받아야 한다는 생각이다. 다시 말하면, 고통을 받는 자가 그 고통을 누그러뜨리기 위해 복수라는 꿀로 스스로를 달래야 한다는 점이 비열하다는 뜻이다.

■ 우상의 황혼

당당한 죽음

사람은 더 이상 당당하게 살지 못하게 될 때 당당하게 죽어야 한다. 죽음은 자유롭게 선택되어야 하는 것이다.

적절한 때의 죽음은 자식들과 친지들이 지켜보는 가운데 의식이 명료한 상태에서 즐겁게 죽는 것이다. 적절히 작별을 고할 수 있고, 아직 정신이 또렷하고, 자신이 삶에서 성취했거나 의도했던 것들을 평가할 수 있을 뿐만 아니라 삶 자체의 가치를 종합적으로 정리할 수 있을 때에 죽음이 이뤄져야 한다.

이 모든 것은 기독교가 죽음의 시간을 묘사한 무시무시한 코미디와는 정반대이다. 기독교가 죽어가는 사람의 양심을 훼손시킬 만큼 죽어가는 사람의 약함을 이용한 점을 절대로 용서해서는 안 된다. ⋯ 온갖 비겁한 편견에도 불구하고, 이 측면에서 무엇보다도 소위 자연적인 죽음의 적절한, 말하자면 생리적인 양상을 복원시키는 것이 우리의 의무이다. 지금은 자연사조차도 완전히 "부자연스런" 것으로 여겨지며 자살과 다름없는 것으로 받아들여지고 있다.

사람은 자신의 책임이 아닌 다른 존재의 책임 하에 죽어서는 안 된다. 확실한 것은 대단히 경멸스런 상황에서 일어나는 죽음, 자유롭지 못한 죽음, 그릇된 시기에 일어나는 죽음은 겁쟁이의 죽음이라는 점이다. 사람은 자신이 생명을 향해 품었던 바로 그 사랑에서 겁쟁이의 죽음과 다른 죽음을 원해야 한다. 말하자면, 자유롭고 신중한 죽음이 되어야 하며 우연적인 죽음이나 돌연한 죽음이 되어서는 안 된다.

마지막으로, 염세주의자 친구들과 쇠퇴하는 자들에게 조언을 한 마디만 더 하고 싶다. 우리 인간에게 자신이 태어나지 못하도록 막을 힘은 없다. 그러나 태어난 것이 실수인 경우가 간혹 있는데, 그때는 마음만 먹으면 그 실수를 바로잡을 수 있다. 스스로를 제거하는 자는 아주 높이 평가받을 만한 행동을 수행하고 있다. 그 사람은 그렇게 함으로써 살 자격을 거의 갖추게 된다.

■ 우상의 황혼

쇠퇴의 정의

동물이나 종(種), 개인이 본능을 상실하고 자신에게 해로운 것을 선택하고 선호할 때, 나는 그런 동물이나 종, 개인을 두고 쇠퇴했다고 말한다. …

내가 보기에 삶 자체는 성장 본능, 영원 본능, 힘을 축적하려는 본능, 권력 본능에 지나지 않는다. 권력 의지가 결여된 곳에서, 쇠퇴가 시작된다.

■ 적그리스도

099
무조건 이해하려 들지 마라

"모든 것을 이해한다는 것은 곧 모든 것을 용서한다는 뜻이다."라는 문장을 사랑하는 그런 부류의 사람은 널리 잘 알려져 있다. 그런 부류는 허약한 사람들이고, 무엇보다 환멸을 느낀 사람들이다. 모든 일에 용서할 무엇인가가 있다면, 거기엔 비난할 무엇인가가 있다는 뜻이 아닌가!

여기서 동정으로 몸을 둘둘 감은 채 너무나 인간적인 모습을 보이며 상냥한 눈길을 보내고 있는 것이 바로 낙담의 철학이다.

■ 권력 의지

100
다른 사람들과 다른 존재가 되어라

　중요한 것은 앞으로 나아가는 그런 문제가 아니다(그런 문제라면, 필요한 것은 기껏 목자가 되는 것뿐이다. 말하자면 군집이 가장 필요로 하는 존재가 되기만 하면 된다는 뜻이다). 그보다는 홀로 잘 해낼 수 있는가, 타인들과 다른 존재가 될 수 있는가 하는 문제가 중요하다.

■ 권력 의지

101
행복에 대한 지나친 관심은
병적 증후

"행복"(즉, "영혼의 구원")에 대한 걱정(자신의 상태가 위험하다고 느끼는 것)에서 쇠퇴가 모습을 드러낸다. "행복"에 대한 광적인 관심은 잠재의식이 병적인 상태에 처해 있다는 점을 보여준다. 행복에 대한 관심이 곧 생명과 관련 있는 관심이기 때문이다. 그리스 철학자들 모두가 직면했던 선택은 이성적인 존재가 될 것인가 아니면 사라질 것인가 하는 문제였다. 그리스 철학자들의 도덕주의는 곧 그들이 위험한 상황에 처했다고 느꼈다는 사실을 보여준다.

■ 권력 의지

102
장애물을 사랑하라

　권력 의지는 오직 장애물 앞에서만 모습을 드러낼 수 있다. 따라서 권력 의지는 저항할 대상을 찾는다. 원형질이 위족을 뻗으며 주변을 느끼려 할 때 보이고 있는 경향이 바로 그런 것이다.

　주변 환경에서 무엇인가를 낚아채서 동화시키는 행위는 무엇보다도 압도하려는 욕망, 형성하고 추가로 건설하고 다시 건설하는 과정의 결과이다. 그러면 마침내 종속된 생명체는 탁월한 존재의 권력 영역의 일부가 되어 그 권력을 증대시키게 된다. 이 통합의 과정이 성공하지 못할 경우에 전체 유기체가 조각으로 깨어지는데, 이 분리도 물론 권력 의지의 결과로 일어난다. 종속된 것의 탈출을 막기 위해서, 권력 의지가 두 개의 의지로 나뉘는 것이다.

■ 권력 의지

'행복한 인간'은 군집의 이상

　쾌락을 야기하는 것은 의지의 만족(이 같은 피상적인 이론에 나는 특별히 강하게 반대한다. 너무나 단순한 사실에 관한 심리학의 날조치고 이것만큼 터무니없는 것도 없다)이 아니라, 의지가 앞으로 나아가면서 길을 가로막고 있는 장애물을 거듭 극복하며 주인이 되려고 하는 그 추진력이다. 행복의 감정은 정확히 의지의 불만족에, 반대자와 장애물이 없이는 의지가 만족할 수 없다는 사실에 있다. "행복한 인간"은 군집적인 인간들이 품고 있는 이상일 뿐이다.

　　　　　　　　　　　　　　　■ 권력 의지

예술과 비예술

　모든 예술은 강장제 역할을 한다. 예술은 힘을 증대시키고, 욕망에 불을 붙이고(예를 들면, 힘의 감정), 도취의 민감한 기억들을 자극한다. …

　비예술적인 상태는 객관성과 반영, 의지의 중단 등이다. …

　비예술적인 상태는 삶을 빈곤하게 만들거나, 제거하거나, 바래게 하는 상태이며, 그런 상태에선 생명이 고통을 겪는다. 기독교인이 그런 예이다. …

　예술은 삶을 가능하게 만드는 위대한 수단이고, 삶을 풍성하게 가꾸는 위대한 유혹자이고, 삶을 강하게 자극하는 요소이다.

■ **권력 의지**

남의 인정에 목매지 마라

고귀한 유형의 인간은 자기 자신을 가치를 결정하는 주체로 여기며 남의 인정을 받을 필요성을 느끼지 않는다. 고귀한 유형의 인간은 스스로 판단을 내린다. "나에게 해로운 것은 그 자체로 해로운 거야." 그는 사물을 명예롭게 만드는 존재가 바로 자기 자신이라는 사실을 알고 있으며, 그는 가치의 창조자이다. 그는 자신에게서 확인하는 것이면 무엇이든 소중하게 여긴다. 그런 도덕은 자부심이다. 그런 도덕의 맨 앞에, 흘러넘치는 권력 감정과 풍요의 감정, 팽팽한 행복, 그리고 기꺼이 베풀려는 관용의 감정이 자리 잡고 있다.

고귀한 유형은 자신의 내면에 있는 어떤 막강한 존재에게 존경을 표한다. 이 존재는 그의 내면에서 그에게 힘을 행사하고, 말하는 방법과 침묵을 지키는 방법을 알고 있으며, 그를 고난에 노출시키는 데서 기쁨을 느끼고, 엄격하고 힘든 모든 일에 존경을 표한다.

■ **선과 악을 넘어서**

끊임없이 허물을 벗어라

허물을 벗지 못하는 뱀은 사라지게 마련이다. 관점을 변화시키지 못하는 정신도 마찬가지이다. 그런 정신은 더 이상 정신이 아니다.

■ 여명

chapter 3

진리에 대하여

진부하기 짝이 없는 낙관주의니 염세주의니 하는 단어들을 당장 버려라.
세상을 비방하거나 찬미하는
이 두 가지 개념은 반드시 제거되어야 한다.

107
진리는 영원하지 않다

모든 것은 변화해 왔다. 당연히, 영원한 사실 같은 것은 절대로 없다. 영원한 진리도 마찬가지이다.

■ 인간적인, 너무나 인간적인

모든 것은 겉모습이다

　종교적, 도덕적, 미학적, 논리적 감각의 대상들도 똑같이 사물들의 표면에 해당한다. 그런데도 인간은 적어도 이런 분야에서만은 자신이 핵심을 건드리고 있다고 기꺼이 믿으려 한다.

■ 인간적인, 너무나 인간적인

형이상학의 세계는 없다

　형이상학의 세계에 대해 굳이 말하라면, 그 세계는 우리의 세계와 완전히 다른 조건일 것이라고 말하는 외에 달리 방법이 없다. 형이상학의 세계가 있다면, 그 세계는 아마 우리가 접근하지도 못하고 이해하지도 못하는 그런 세계일 것이다. 또 그 세계는 부정적인 특징들을 갖고 있을 것이다.

　그런 세계의 존재가 아무리 명료하게 입증된다 하더라도, 형이상학적 지식이 모든 지식의 형태 중에서 가장 무의미한 지식이라는 사실만은 변함이 없을 것이다.

■ 인간적인, 너무나 인간적인

진리의 기준

논리적 정확성과 명백성이 진리의 기준으로 여겨지고 있다 ("진리는 모두 명쾌하고 분명하게 지각된다."-데카르트(René Decartes)). 이 기준에 따라, 세상에 관한 역학적 가설들이 바람직한 것이 되고 신뢰할 만한 것이 되었다.

그러나 이것은 총체적 혼돈일 뿐이다. '단순함이 진리의 인장(印章)'이라는 말과 비슷하다. 사물들의 진정한 본질이 우리 인간의 지성과 이런 관계에 있다는 것을 어떻게 알 수 있는가? 진리가 그런 것이 아닌 다른 것일 수는 없는가? 지성에 힘의 감정과 안전감을 안겨주는 가설들이 선호되고 높이 평가받으며 진리로 받들어지고 있는 것은 아닌가? 지성은 지성의 가장 자유롭고 강력한 기능과 능력을 가장 소중한 것들을 결정하는 기준으로, 진리의 기준으로 제시하고 있다. …

감정의 관점에서 보면, "진리"는 감정을 가장 많이 불러일으키는 것이다("자아").

사고(思考)의 관점에서 보면, "진리"는 사고에 강하다는 감정을 가장 강하게 주는 것이다.

촉각과 시각, 청각의 관점에서 보면, 가장 큰 저항을 요구하는 것이 "진리"이다.

따라서 진리는 대상의 "진실", 즉 대상의 실체에 대한 믿음을 가장 강하게 일깨우는 최고 수준의 정신 작용이다. 힘과 투쟁, 저항 등의 감각은 우리에게 거기에 저지되고 있는 무엇인가가 있다는 확신을 안겨준다. …

그렇다면, 진리의 기준은 권력 감정의 증대에 있다.

-권력 의지

111

세상 자체가 허위이다

나의 책들 전반에는 다음과 같은 내용이 담겨 있다.

세상의 가치는 우리의 해석에 달려 있다(인간의 해석이 아닌 다른 해석도 어딘가에서 가능할 것이다). 지금까지 나온 해석은 원근법적인 가치 평가였으며, 인간은 이 가치 평가를 통해 삶 속에서, 즉 권력 의지 속에서 권력 증대를 추구하면서 생존할 수 있었다. 인간의 모든 향상은 반드시 보다 좁은 해석의 극복을 수반한다. 모든 높은 힘 또는 권력이 성취될 때마다, 새로운 지평에 대한 믿음이 생겨난다.

우리가 관심을 두고 있는 세상은 허위이다. 말하자면, 이 세상은 하나의 사실이 아니라, 인간이 불충분한 관찰을 바탕으로 쓰고 다듬은 소설이고 조각이라는 뜻이다. 이 세상은 "흐르고" 있다. 이 세상은 생성 중인 그 무엇이며, 지속적으로 변화하고 있지만 진리 쪽으로는 결코 조금도 더 나아가지 않는, 회전하는 어떤 거대한 거짓말 같은 것이다. 이는 "진리" 같은 것은 절대로 없기 때문이다.

■ 권력 의지

진리는 오류다

진리란 것은 살아 있는 종(種)의 생존에 필요한 오류이다. …
진리란 것은 그것이 없을 경우에 어느 특정한 종의 생명이 생존
하지 못하게 되는 그런 종류의 오류이다.

종국적으로 보면, 생명에 지니는 가치가 결정적으로 중요한 요
소이다.

■ 권력 의지

논리는 진리가 아니다

논리는 사고를 용이하게 하는 한 방법으로 고안되었다. 말하자면 표현의 한 수단으로 만들어진 것이다. 논리는 결코 진리가 아니다. … 그런데 그 후로 논리가 줄곧 진리처럼 행세하고 있다.

■ 권력 의지

진리는 창조된다

"진리"는 현재 있거나 발견되기를 기다리고 있는 그런 것이 아니다. 진리는 창조되어야 하는 그 무엇이며, 어떤 과정에, 더 정확히 말하면 그 자체로는 전혀 아무런 목표를 갖고 있지 않은, 압도하려는 의지에 붙여지는 이름이다.

■ 권력 의지

오류의 미덕

　오류가 인간을 너무나 깊고, 너무나 민감하고, 너무나 창의적인 존재로 만들었다. 그 결과, 인간은 종교와 예술 같은 꽃들을 피울 수 있었다. 순수한 인식력만으로는 그런 것을 만들어내지 못했을 것이다.

■ 인간적인, 너무나 인간적인

세상을 있는 그대로 보라

진부하기 짝이 없는, 낙관주의니 염세주의니 하는 단어들을 집어 치워라. … 세상을 비방하거나 찬미하는 이 두 가지 개념은 반드시 제거되어야 한다.

■ **인간적인, 너무나 인간적인**

엉터리 결론이 진리로 통한다

인간의 엉터리 결론은 대체로 이런 식으로 내려진다. 어떤 것이 존재한다. 고로 그것은 존재의 권리를 갖는다.

여기서, 어떤 것이 살아 있을 수 있는 능력에서 그것의 적절성이 추론되고, 그것의 적절성에서 그것의 정당성이 추론되고 있다는 사실이 확인된다.

그렇다면 이런 식의 주장도 가능할 것이다. 어떤 의견이 행복을 초래한다. 고로 그 의견은 진정한 의견이다. 그 의견의 효과가 좋다. 고로 그 의견은 그 자체로 선(善)이고 진리라는 식으로 말이다.

■ 인간적인, 너무나 인간적인

118
선하거나 악한 행동의
구분은 없다

선한 행동과 악한 행동 사이에 종류의 차이는 전혀 없으며, 기껏 정도의 차이만 있을 뿐이다. 선한 행동은 승화된 악한 행동이고, 악한 행동은 저속해진 선한 행동이다.

■ 인간적인, 너무나 인간적인

119
진리는 힘이 없다

진리 자체는 전혀 아무런 힘을 발휘하지 못한다. … 진리는 권력을 자기편으로 끌어들이거나 권력과 한편이 되어야만 힘을 얻는다. 그렇지 않을 경우에 진리는 거듭 사라지고 만다.

■ 여명

모호할수록 심오하다니!

신비주의적이고 모호한 설명이 심오한 것으로 받아들여지고 있다. 그러나 따지고 보면 신비주의적 설명은 피상적인 설명의 수준에도 미치지 못한다는 사실이 확인된다. …

자신이 학식이 깊다는 것을 잘 알고 있는 사람은 명확성을 키우기 위해 노력하고, 대중에게 학식이 깊은 것으로 비치길 원하는 사람은 모호함을 키우려고 노력한다. 대중은 바닥이 보이지 않는 것을 깊은 것으로 생각하기 때문이다. 대중은 너무나 소심해서 좀처럼 물속으로 들어가려 하지 않는다.

■ 즐거운 지식

에너지는 일정하다

에너지는 일정하며 무한할 필요가 없다. 에너지는 영원히 활동하지만 새로운 형태를 무한히 창조하지 못하고 되풀이하고 있음에 틀림없다. 그것이 나의 결론이다.

■ 영원 회귀

122
우주엔 특별한 목적이 없다

우주가 어떤 형태를 취하려는 경향을 갖고 있다거나, 우주가 보다 아름답거나 보다 완벽하거나 보다 복잡해지는 것을 목표로 잡고 있다는 식으로 믿지 않도록 조심하라. 이 모든 것은 인격화 (人格化)에 불과하다.

■ 영원 회귀

위험하고 해로운 진리도 많다

행복과 미덕은 절대로 논거가 될 수 없다. 그런데도 사려 깊은 정신의 소유자들까지도 사람을 불행하게 만들고 나쁘게 만드는 것도 마찬가지로 반박의 논거가 될 수 없다는 점을 고의로 망각하고 있다.

어떤 것이 매우 위험하고 심각한 해를 끼치더라도 진리일 수 있다. 정말이지, 존재의 근본적인 구성을 보면, 그런 진리들이 가득하다. 그러다 보니 그런 진리를 완벽하게 다 알게 되면 사람이 그냥 죽어 버릴 수도 있다. 그래서 정신의 힘은 정신이 견뎌낼 수 있는 "진리"의 양에 의해 측정된다고 할 수 있다. 더 쉽게 표현하면, 진리를 약화시키고, 가리고, 감미롭게 만들고, 거짓으로 꾸며야 하는 정도가 정신의 힘을 보여준다는 뜻이다.

■ 선과 악을 넘어서

124
최고의 증거는 감각이다

모든 신뢰와 선한 양심, 진리의 증거는 감각에서 나온다.

■ 선과 악을 넘어서

125
절대적인 것은 병적이다

반대와 회피, 유쾌한 불신, 그리고 풍자를 사랑하는 태도는 건강의 신호이다. 절대적인 것은 모두 병에 해당한다.

■ 선과 악을 넘어서

생명 현상은 곧 착취이다

생명 현상 자체는 기본적으로 빼앗고, 침해하고, 낯설거나 약한 것을 정복하고, 엄격하게 대하고, 기이한 방식으로 방해하고 통합시키는 것이며, 아무리 완곡하게 표현해도 착취라고 하지 않을 수 없다.

■ 선과 악을 넘어서

127
자연을 보는 두 개의 시선

　자연 상태는 무시무시하고 인간은 맹수이며, 우리 문명은 자연 상태의 이 맹수를 상대로 거둔 장엄한 승리이다. 이것이 볼테르 (Voltaire)의 주장이다. 볼테르는 문명화된 상태가 안겨주는 위안과 섬세함, 정신적 즐거움을 느꼈다. 볼테르는 또 미덕의 형태로 나타나는 편협함을 경멸하고 금욕주의자들과 수도승들 사이에 나타나는 섬세함의 결여를 경멸했다. …

　반면에 루소(Jean-Jacques Rousseau)는 감정에 근거한 규칙을 옹호하고, 자연을 정의의 원천으로 여긴다. 루소에 따르면, 인간은 자연에 가까워지는 만큼 완벽해진다(볼테르에 따르면, 인간은 자연에서 멀어지는 만큼 완벽해진다). 그렇다면, 똑같은 시대가 한 사람에겐 인류가 진보를 이룬 시대로 다가오고, 다른 한 사람에겐 불공정과 불평등을 심화시킨 시대로 다가온다.

■ 권력 의지

자연은 절대로 아름답지 않다

　자연의 광신자들(이들은 "더없이 아름다운" 장면에서도 확인되고 있는, 무섭고, 절대로 달래지지 않는 요소에 대한 지식조차 없는 사람들이다)이 발명한 "자연"이라는 개념은 생기가 없고 소심하다. 그것은 단지 자연에서 "인간애"라는 도덕적이고 기독교적인 개념을 읽어내려는 시도에 지나지 않는다.

　예를 들어, 루소가 말하는 자연의 개념은 "자연"을 당연히 자유와 선(善), 순수, 평등, 정의, 목가(牧歌)를 의미하는 것으로 여기는데, 이것은 기본적으로 기독교 도덕의 숭배에 지나지 않는다.

　시인들이 예를 들어 높은 산에서 동경한 것이 무엇이었는지를 확인하기 위해 시구를 모아야 할 것 같다. 괴테(Johann Wolfgang von Goethe)는 높은 산으로부터 무엇을 원했으며, 괴테가 스피노자(Baruch Spinoza)를 존경한 이유가 무엇이었는가?

　자연을 숭배한 이유들에 대한 무지가 어떻게 이렇게 철저할 수 있을까?
　　　　　　　　　　　　　　　　　　　　　　　■ 권력 의지

129

기존 개념에만 매달리는
철학자들

철학자들은 (1)아득한 옛날부터 '형용 모순'(形容矛盾)[4]에 놀라운 능력을 갖고 있으며, (2)언제나 개념을 무조건적으로, 감각을 불신할 때와 똑같이 무조건적으로 믿었다. 개념과 단어들이 인간의 사고가 그다지 명쾌하지 않던 과거로부터 물려받은 것이라는 생각은 철학자들에게 절대로 떠오르지 않는 것 같다.

철학자들은 먼저 스스로 개념을 창조해서 설득력 있게 다듬은 뒤에 대중 앞에 제시하면서 사람들이 그것을 받아들이도록 해야 한다. 지금까지 사람들은 일반적으로 개념들을 믿었다. 마치 개념들이 어떤 경이의 땅에서 내려진 멋진 하사품이라도 되는 것처럼. 그러나 개념들은 우리 조상들로부터, 말하자면 아주 똑똑한 조상들뿐만 아니라 아주 멀고, 아주 어리석은 조상들로부터도 내려오는 유산일 뿐이다.

■ 권력 의지

....
4 서로 모순적인 뜻의 어휘를 연결시키는 수사법.

철학의 뿌리 깊은 허위와 사기

어느 시대에나 "좋은 감정"은 주장을 뒷받침하는 근거로, "벅찬 가슴"은 신을 숭상하는 마음의 외침으로, 확신은 진리의 "기준"으로, 어떤 반대의 필요성은 지혜에 대한 의문 부호로 여겨졌다. 이 같은 허위와 사기가 철학의 역사 전반을 장식하고 있다.

그러나 존경받는 몇몇 회의론자들에게서도 지적 정직성에 대한 본능은 전혀 발견되지 않는다. 마침내 칸트(Immanuel Kant)까지도 순진하게 "실천 이성"이라는 개념을 빌려 사상가들의 그 같은 타락을 과학적인 것으로 바꿔 놓으려 들었다. 칸트는 경우에 따라서, 말하자면 가슴의 욕망과 도덕 또는 "의무"가 원동력인 경우에는 판단력 따위는 걱정하지 않아도 되게 할 어떤 이성을 발명해냈다.

■ 권력 의지

철학은 광기의 역사다

철학의 역사는 생명의 전제 조건들을, 생명의 진정한 가치들을 높일 감정들을, 그리고 생명에 이로운 온갖 당파들을 은밀히, 또 광적으로 증오해 온 이야기이다. 철학자들은 공상적인 어떤 세계가 우리가 살고 있는 이 세상과 모순을 빚으면서 자신들에게 이 세상을 중상할 무기를 제공할 수 있다는 판단이 서기만 하면 그 공상의 세계를 단언하는 데 조금도 망설이지 않았다.

현재까지 철학은 중상(中傷)을 가르치는 위대한 학교였다. 철학의 권력이 너무나 강했기 때문에, 생명의 옹호자를 자처하는 우리의 과학은 오늘날까지도 기본적으로 치욕스런 입장을 받아들이면서 이 세상을 겉모습으로 다루고, 원인들의 사슬을 오직 현상적인 것으로만 받아들이고 있다.

■ 권력 의지

진정한 세상은 없다

　진정한 세상을 폐기하도록 하자. 그러기 위해선 먼저 지금까지 통용되고 있는 최고의 가치인 도덕을 폐기해야 한다. … 비도덕이 지금까지 비난받아 온 것과 똑같은 의미에서, 도덕 자체가 비도덕적이라는 점을 보여주기만 하면 된다. 옛날 가치들의 전횡에 종지부를 찍으면, 다시 말해 "진정한 세상"을 폐기하면, 새로운 가치 질서가 저절로 나올 것임에 틀림없다.

　현상 세계와 거짓말에 의해 창조된 세계. 이 둘은 서로 대립물이다. 후자가 지금까지 "진정한 세계"로, "진리"로, "신"으로 통했다. 바로 이것이 우리가 눌러야 하는 세계이다.

■ 권력 의지

133
자연적인 가치를 추구하라

근본적인 혁신은 이런 것들이다.

"도덕적 가치" 대신에 자연적 가치만 필요하다. 도덕에 자연성을 회복해줘야 한다.

"사회학"을 지배의 형태들에 관한 원리로 대체해야 한다.

"사회"를 나의 주된 관심인 문화 복합체로 대체해야 한다.

"인식론" 대신에, 열정의 가치들을 정할 어떤 원리가 제시되어야 한다(열정들의 계급제도 같은 것이 여기에 해당할 것이다. 변모된 열정들. 그런 열정들이 높은 자리를 차지하고, 그런 열정들의 "숭고함"이 강조되어야 한다).

"형이상학"과 종교 대신에, 영원 회귀 이론이 (생식과 선택의 수단으로) 제시되어야 한다.

■ 권력 의지

심리학자들의 근본적 오류

심리학자들은 불명확한 생각을 명확한 생각보다 열등한 것으로 여긴다. 그러나 우리의 의식으로부터 멀찍이 떨어져 있는, 그래서 흐릿해 보이는 것이 그 자체로는 꽤 분명할 수 있다. 어떤 사물이 흐릿해진다는 사실은 의식의 원근법의 문제일 뿐이다.

■ 권력 의지

135
"물 자체"는 터무니없다

어떤 사물의 특성은 곧 그 사물이 다른 "사물들"에게 미치는 효과이다.

따라서 다른 "사물들"이 존재하지 않는다면, 어떤 사물도 전혀 아무런 특성을 갖지 못한다.

바꿔 말하면, 그 어떤 것도 다른 사물들 없이는 존재하지 못한다는 뜻이다.

말하자면, "물 자체"(物自體) 같은 것은 절대로 없다. …

"물 자체"는 터무니없다. 만약에 내가 어떤 사물의 모든 "관계"와 "특성"과 활동을 제거해 버린다면, 그 사물 자체가 남지 않게된다. 왜냐하면 물성(物性)이란 것이 우리가 어떤 논리적 필요를 충족시키기 위해서, 다시 말해 정의(定義)와 이해를 위해서(복잡한 관계와 특성과 활동을 서로 연결시키기 위해서) 상상력을 동원해 발명해낸 것에 지나지 않기 때문이다.

■ 권력 의지

형이상학의 심리학

'이 세상은 표면적이다. 그렇다면 진정한 세계가 따로 있을 것임에 틀림없다. 이 세상은 조건적이다. 그렇다면 무조건적인 세계가 따로 있을 것임에 틀림없다. 이 세상은 모순적이다. 그렇다면 모순으로부터 자유로운 세계가 따로 있을 것임에 틀림없다. 이 세상은 변화한다. 그렇다면 어딘가에 안정적인 세계가 있을 것임에 틀림없다.'

이런 식의 엉터리 결론이 참으로 많다(이성에 대한 맹목적 믿음. 만약 A가 존재한다면, 그 반대인 B도 존재할 것임에 틀림없다는 식이다).

사람들이 세상 속에서 겪는 고통이 이런 결론들을 더욱 촉진시킨다. 기본적으로, 이 결론들은 그런 세계가 존재했으면 좋겠다는 소망을 표현하고 있다. 마찬가지로, 보다 소중한 또 다른 세상이 상상되고 있는 것은 고통을 낳는 이 세상에 대한 증오가 깊다는 사실을 드러내고 있다. 여기서, 형이상학자들이 현실에 대해 품고 있는 분노가 창의적으로 작동하고 있는 것이 확인된다.

　이제 두 번째 일련의 질문들이 제기된다. 왜 고통이 존재하는가? … 이 질문으로부터, 진정한 세계와, 외양적이고 변화하고 고통 받는 모순적인 우리의 세계의 관계에 관한 어떤 결론이 나온다. (1)고통이 잘못의 결과이다. 그렇다면 잘못이 어떻게 가능한가? (2)고통이 죄책감의 결과이다. 그렇다면 죄책감이 어떻게 가능한가? (여기서 자연의 영역이나 사회의 영역에서 끌어낸 일단의 경험들이 보편화되고 절대화된다.)

　그러나 만약에 조건적인 세계가 무조건적인 세계에 의해 인과적으로 결정된다면, 오류를 저지르고 죄책감에 느끼는 자유도 또한 무조건적인 세계에 의해 결정되어야 한다. 여기서 다시 질문이 제기된다. 무슨 이유로? … 현상과 생성, 모순, 고통의 세계가 의도되고 있는데, 무슨 이유인가?

　이 결론들의 오류는 두 가지 상반된 개념들이 만들어지고 있다는 점에 있다. 그 개념들이 상반되는 이유는 그 중 하나는 어떤 현실과 부합하고, 다른 하나도 어떤 현실과 부합해야 하기 때문이다. 그렇다면 정반대의 개념을 "어디서" 끌어내야 하는가? 그래서 이성이 절대적인 것에 관한 계시의 원천이 되었다.

■ 권력 의지

고통을 노래하라

형이상학자들이 고통을 걱정하는 것은 꽤 순진한 태도다. "영원한 축복"은 심리학적으로 보면 허튼소리에 불과하다. 용감하고 창의적인 사람들은 절대로 쾌락과 고통을 종국적인 문제로 여기지 않는다. 쾌락과 고통은 부수 현상일 뿐이다. 무엇인가를 이루려고 노력할 때, 누구든 쾌락과 고통을 똑같이 바라야 한다.

형이상학자들과 종교인들이 쾌락과 고통의 문제를 전면으로 부각시킨다는 사실은 그들 내면에 피로와 질병이 자리 잡고 있다는 점을 보여주는 신호이다. 형이상학자들과 종교인들의 눈에는 도덕의 중요성까지도 오직 도덕이 고통을 없애는 데 꼭 필요한 조건이라는 점에서만 비롯되는 것으로 비친다.

현상과 오류를 고통의 원인으로 고집하는 것에 대해서도 똑같이 말할 수 있다. 그 같은 걱정은 행복과 진리가 서로 연결되어 있다는 미신에 불과하다.

■ 권력 의지

진화론에 반대한다

어느 신체 기관의 유용성은 그 신체 기관의 기원을 설명하지 못한다. 정반대다! 어떤 특성이 형성되는 데 걸린 시간 중 상당히 긴 기간 동안에, 그 특성은 개체의 보존에 도움을 주지 않는다. 그 특성은 개체에게 아무런 소용이 되지 않는다. 외부 환경이나 적과 맞서 싸울 때에도 도움이 되지 않는다.

무엇이 종국적으로 "유용한가"? 여기서 "어디에 유용한가?"라는 질문을 던질 필요가 있다.

예를 들어, 개체의 장수(長壽)를 촉진시키는 것들은 개체의 힘이나 미(美)에 불리할 수 있다. 또 개체를 보존하는 것이 동시에 그 개체의 진화를 중단시킬 수도 있다. 그런 한편, 쇠퇴의 상태인 결함이 대단히 유용할 수 있다. 그것이 다른 기관들을 자극하는 계기가 되기 때문이다. 마찬가지로, 궁핍의 상태가 존재의 한 조건일 수 있다. 그것이 개체로 하여금 힘을 최대한 아끼도록 할 수 있기 때문이다. 개체 자체는 (영양이나 공간 등을 노린) 각 부분들의 투쟁일 뿐이다. 그 개체의 발달은 일부 부분들의 승리와 지배, 그리고 나머지 다른 부분들의 퇴화나 "신체 기관으로의 발달"을 수반한다.

다윈은 "환경"의 영향을 터무니없을 만큼 과장했다. 삶의 과정에서 근본적인 요소는 바로 형태를 규정짓고 형태를 창조하려는 유기체 내부의 거대한 힘이며, 이 힘은 단순히 "환경"을 이용하고 착취한다.

이 내부의 힘에 의해 건설된 새로운 형태들은 어떤 목적을 갖고 만들어지는 것이 아니다. 그러나 각 부분들 사이의 투쟁에서, 새로운 형태는 유용성과 비슷한 무엇인가와 연결되지 못할 경우에 오래 존속하지 못하며, 새로운 형태는 그 쓰임에 따라서 스스로를 조금씩 더 완전하게 발달시킨다.

■ 권력 의지

생물학자들의 거짓말

생물학자들의 엉터리 "이타주의"에 실소를 금할 수 없다. 아메바들 사이에 번식은 마치 비상사태에 배의 안전을 위해서 바닥짐[5]을 버리는 행위처럼 보이고, 자신에게 이로운 일로 보이기 때문이다. 아메바의 번식은 쓸데없는 물질을 배설하는 것이다. …

원형질이 두 개로 분리되는 과정은 원형질이 차지하고 있는 물질을 복종시킬 힘을 더 이상 충분히 갖지 못하게 될 때에 일어난다. 말하자면, 생식은 무능력의 결과인 셈이다.

수컷이 암컷을 찾아 암컷과 하나가 되는 경우에 생식은 굶주림의 결과이다.

■ 권력 의지

....
5 한때 대중의 귀에 익숙했던 '평형수' 역할을 한다.

자연선택의 오류

다윈 학파는 생존 투쟁을, 약한 생명체들은 죽고 강인한 존재들은 생존하는 것으로 보고 있다. 그래서 모든 생명체의 완전성이 지속적으로 증대될 것이라고 상상하고 있다. 반대로, 우리 비도덕주의자는 운(運)이 생존 투쟁에서 강한 자들의 명분뿐만 아니라 약한 자들의 명분에도 이롭게 작용하고, 교활함이 종종 힘을 이기고, 종의 다산성이 이상한 방식으로 종의 파괴 가능성과 연결된다고 확신하고 있다. …

다윈 학파는 자연 선택을, 느리지만 무제한적인 변형을 낳는 힘을 가진 것으로 여긴다. 모든 이점이 유전에 의해 전달되어 세대를 내려가면서 강화되고(유전이 대단히 변덕스러운 것으로 알려지고 있음에도 불구하고), 어떤 생명체들이 매우 특별한 삶의 조건에 행복하게 적응하는 것이 주변 영향들의 결과인 것으로 믿어지고 있기 때문이다.

그러나 '무의식적 선택'의 예는 어디서도 발견되지 않는다. 공통점이 거의 없을 것 같은 개체들이 서로 결합하고, 극단적인 예들은 집단 속에 매몰되어 버린다. 각 개체는 자신의 종류를 유지하기 위해 다른 개체와 겨루며, 겉모습 때문에 어떤 위험을 피할 수 있는 생명체는 그 위험이 없는 환경에서도 겉모습을 바꾸지 않는다. … 만약에 생명체들이 외피가 자신을 숨겨줄 수 없는 곳에 산다면, 그 생명체들은 어쨌든 그 환경에 적응하지 못한다.

　가장 아름다운 것이 선택된다는 이론도 너무 과장되었다. 우리 인간 종의 미(美)의 본능과 비교해도 지나치다는 것이 확인된다. 실제로 보면 아주 아름다운 사람이 아주 못생긴 사람과 짝을 이루거나, 키가 아주 큰 사람이 키가 아주 작은 사람과 짝을 이루는 경우가 종종 있다. 우리는 첫 번째 만남의 기회를 이용하면서 선택이나 취향 같은 것을 거의 보이지 않는 남자와 여자를 언제나 만나고 있다. 기후와 영양 섭취를 통한 변형이 있지만, 이런 것은 사실 그리 중요하지 않다.

과도적인 형태 같은 것은 절대로 없다.

　생명체가 점진적으로 진화한다는 주장이 제기되었지만, 이 주장을 뒷받침할 근거는 전혀 없다. 모든 유형은 나름의 한계를 갖고 있으며, 그 한계 너머로는 어떠한 진화도 가능하지 않다.

■ 권력 의지

자기희생은 집단적 상실이다

내가 물리치려고 노력하고 있는 것은 바로 경제적 낙관주의이다. 모든 사람의 자기희생이 점점 더 커지면 당연히 모든 사람의 전반적인 행복도 점점 더 커지게 마련이라는 식으로 생각하는 태도 말이다.

내가 볼 때엔 그와 정반대가 진리인 것 같다. 모든 사람의 자기희생은 곧 집단적 상실이라는 뜻이다. 사람들이 전반적으로 열등해질 것이기 때문이다.

■ 권력 의지

142

쾌락과 고통은
반응의 원인이 아니다

　우리는 쾌락과 고통이 반응의 원인이라고, 또 쾌락과 고통의 목표가 바로 반응을 일으키는 것이라고 믿고 있다. 우리만 아니라 철학자들까지도 여전히 그렇게 믿고 있다. 수백 년 동안, 쾌락과 고통은 모든 행동의 동기로 여겨져 왔다.

　그러나 곰곰 생각해 보면 다음과 같은 사실을 인정하지 않을 수 없다. "쾌락"과 "고통"의 상태들이 완전히 없었다 하더라도, 모든 것은 원인과 결과의 똑같은 순서에 따라서 완전히 똑같은 경로를 밟았을 것이라는 점을 말이다. 따라서 쾌락과 고통이 실제로 무엇인가를 일으키고 있다고 믿는 사람은 속고 있을 뿐이다. 쾌락과 고통이 부수적인 현상이고, 반응을 자극하는 목적과 꽤 다른 목적을 갖고 있기 때문이다. 쾌락과 고통은 반응의 과정에 수반되는 효과라고 할 수 있다.

　요약하면 이렇다. 의식이 된 것은 모두 하나의 최종적인 현상이자 결론이며, 그 어떤 것의 원인이 아니다. 의식에 연속적으로 일어나는 현상들은 저마다 완전히 별개이다. 그런데 우리는 이와 정반대의 관점에서 우주를 이해하려고 노력해 왔다. 마치 사고와 감정, 의지 외에는 어떠한 것도 효과적이지 않고 진정하지 않은 것처럼!

■ 권력 의지

143
육체의 현상에 주목하라

하나의 "실체"로서 의식에 닿는 모든 것은 이미 상당히 복잡해져 있다. 그래서 우리는 어떤 실체를 닮은 것 그 이상의 것을 절대로 갖지 못한다.

육체의 현상은 훨씬 더 풍성하고, 더 명확하고, 더 확실하다. 그러므로 육체의 현상을 조직적으로 전면으로 부각시킬 필요가 있다. 육체적 현상의 종국적 중요성에 대해서는 여기서 새삼 강조할 필요가 없을 것이다. …

육체에 대한 믿음이 영혼에 대한 믿음보다 훨씬 더 근본적이다. 영혼에 대한 믿음은 육체의 고통을 놓고 비과학적으로 고찰한 결과이다.

■ 권력 의지

144
고통의 감정보다
행동이 먼저 일어난다

돌연 일어나는 사고(事故)를 유심히 관찰해 보면, 반사 행동이 고통의 감정보다 상당히 앞서 일어난다는 것이 확인된다.

내가 길을 걷다가 발부리가 걸렸을 때를 고려해 보자. 그때 만약에 내가 그 사실이 나의 의식에게 종을 치고 그런 다음에 의식이 내가 어떻게 해야 하는지에 대해 전보를 칠 때까지 기다려야 한다면, 아마 나는 크게 불리할 것이다.

내가 아주 분명하게 확인하는 것은 그와 반대이다. 먼저 넘어지는 것을 피하기 위해 나의 발에서 반사 운동이 일어나고, 이어 측정 가능할 정도의 시간이 지난 뒤에 나의 머리 앞부분에 돌연 통증 같은 것이 지나가는 느낌이 든다. 그렇다면 내가 고통에 반응하지 않았다는 결론이 나온다. 통증은 그 뒤에 상처를 입은 부위로 투영되지만, 그래도 그 부위에 나타난 통증은 그 상처의 표현은 아니다.

■ 권력 의지

생성의 가치

만약에 세상의 움직임이 정말로 최종적인 어떤 상태에 닿으려는 경향을 갖고 있다면, 이 세상은 이미 그 상태에 도달했을 것이다. 그러나 유일하게 근본적인 사실은 세상이 종국적인 상태에 도달하려는 경향을 갖고 있지 않다는 것이다. 따라서 최종적인 상태를 필요로 하는 철학과 과학적 가설(예를 들면, 유물론)은 모두 이 같은 근본적인 사실에 의해 반박된다.

나는 이 같은 사실을 제대로 반영할 개념을 가져야 한다. 생성(Becoming)은 그런 종국적 설계 같은 것에 기대지 않는 가운데 설명되어야 한다. 생성은 매 순간 정당화될 수 있어야 한다(또 생성은 통합을 목표로 잡고 있는 가치 평가를 모두 부정해야 한다).

어떠한 상황에서도 현재가 미래에 의해 정당화되어서는 안 되며, 과거가 현재를 위해 정당화되어서도 안 된다. "필연"이 집단적인 힘의 형태나 제1 원동력으로 해석되어서는 안 되며, 필연이 어떤 소중한 결과에 필요한 원인으로 여겨지는 일은 더더욱 없어야 한다. 이런 목적을 이루기 위해서는 생성에 대한 어떤 집단적 의식(意識)을 부정하는 것이 반드시 필요하다. 우리의 삶이 우리처럼 느끼고 알면서도 아무것도 의도하지 않는 그런 존재의 그림자에 가려지지 않도록 하기 위해서 "신" 같은 것을 부정해야 하는 것이다. 다행히도 그런 모든 것을 계산하고 있는 그런 권력은 없다(모든 것을 굽어보며 고통을 겪는 신이나 "우주적인 감각 중추", "우주적인 정신" 같은 것은 인간의 삶에 심각한 장애가 될 것이다).

엄격히 말하면, '존재'의 성격을 갖는 것은 어떤 것이든 남는 것이 허용되어서는 안 된다. 왜냐하면 그런 경우에 생성이 가치를 잃고 불필요하게 되어 버리기 때문이다.

그렇다면 여기서 제기해야 할 질문은 이런 것들이다. 존재라는 착각은 어떻게 시작되었는가?(왜 이런 착각이 생겨날 수밖에 없었는가?) 존재 같은 것이 있다는 가설 위에 나온 모든 가치 평가를 어떤 식으로 부정할 것인가?

그러나 이런 식으로 우리는 '존재'들에 관한 가설("더 나은 세상", "진정한 세상" "이 세상 너머의 세상", "물 자체" 등)이 이 세상에 쏟아졌던 온갖 비방의 원천이라는 것을 확인하게 되었다.

(1)생성은 어떤 최종적 상태를 목표로 하지 않으며, "존재" 쪽으로 흐르지 않는다.

(2)생성은 단순히 현상의 상태만은 아니며, 아마 '존재'의 세계가 단순한 현상일 것이다.

(3)생성은 매 순간 똑같은 가치를 지닌다. 생성의 가치의 합계는 언제나 동일하다. 달리 표현하면, 생성은 전혀 아무런 가치를 지니지 않는다. "가치"라는 단어가 의미를 지니도록 할 그런 측정의 기준이 전혀 없기 때문이다. 이 세상의 집단적 가치는 평가를 거부한다. 따라서 철학적 페시미즘은 하나의 소극(笑劇)에 불과하다.

■ 권력 의지

146
"진리 의지"는
곧 창조 의지의 무능이다

인간은 "진리"를 추구하려 든다. 그 자체로 모순적이지 않은 세계를, 기만하지 않는 세계를, 변화하지 않는 세계를, 진정한 세계를 갈구한다는 뜻이다. 이 진정한 세계는 고통도 전혀 없고, 고통의 원인인 모순과 기만, 변화도 전혀 없는 것으로 여겨진다. 인간은 이상적인 세계 같은 것이 있다는 주장에 대해 전혀 의문을 품지 않는다. 인간은 그곳에 닿는 길을 발견하려고 기꺼이 노력한다. (인도인의 비판: 자아까지도 현상일 뿐이며 진정한 것이 아니다.) …

인간은 사라지고 변화하고 달라지는 것이면 무엇이든 경멸하고 혐오한다. 그렇다면 안정성을 높이 평가하는 태도는 어디서 비롯되었는가? 틀림없이, 진리를 추구하려는 욕구는 안정적인 세계에 대한 갈망에 지나지 않을 것이다.

감각은 속이지만, 이성은 오류를 바로잡는다. 그러므로 이성이 안정적인 상태에 이르는 길이라는 결론이 나온다. 가장 정신적인 사상들이 "진정한 세계"에 가장 가까울 것임에 틀림없다. 가장 많은 불행이 나온 곳이 바로 감각이기 때문이다. 감각은 기만자이고 파괴자이다. 요약하면 이렇다. '이상적인 세계는 존재해야 한다. 우리가 살고 있는 이 세상은 오류이고, 따라서 존재하지 말아야 한다.' 어떤 종류의 인간이 이런 식으로 생각하는가? 비생산적이고, 고통 받고, 세상에 지친 부류이다.

이와 정반대의 인간 부류가 어떤 모습인지 상상한다면, 존재에 대한 믿음을 원하지 않는 인간의 그림을 갖게 될 것이다. 그런 사람들은 오히려 존재를 죽은 것으로, 지루한 것으로, 무심한 것으로 여기며 경멸할 것이다. …

"진리 의지", 그것은 곧 창조 의지의 무능을 보여준다.

■ 권력 의지

147
모든 것은 흐른다

모든 것은 가고, 모든 것은 돌아온다. 존재의 수레바퀴가 영원히 돌고 있기 때문이다. 모든 것은 죽고, 모든 것은 다시 꽃피운다. 존재의 해(年)가 영원히 이어지고 있기 때문이다.

모든 것은 깨어지고, 모든 것은 새로 통합된다. 존재의 똑같은 집이 스스로를 영원히 건설하고 있기 때문이다. 만물은 분리되고, 만물은 서로 다시 만난다. 존재의 고리가 영원히 스스로에게 충실하기 때문이다.

순간마다 존재가 시작되고, 모든 "이곳"의 주위에 "저곳"이라는 공(球)이 구르고 있다. 어디나 중앙이다.

■ **차라투스트라는 이렇게 말했다**

chapter 4

종교에 대하여

~

형제들이여, 이 땅에 충실하고 그대들에게
천상의 희망 운운하는 자들을 믿지 않도록 하라!
그런 자들은 독살자이니라.
지금은 땅을 모독하는 것이 가장 무거운 죄이니라.

148
인간은 신의 장난감인가

어떤 신이 세상을 창조했다면, 그 신은 지루하기 짝이 없는 영
원 속에서 오락의 영원한 한 원천으로, 말하자면 자신이 데리고
놀 원숭이로 인간을 창조했을 것이다.

■ 인간적인, 너무나 인간적인

삶의 무게 중심은, 지금 여기

 삶의 무게 중심을 삶이 아니라 삶 그 너머에, 말하자면 어떤 비(非)실재에 두게 될 때, 삶의 균형은 완전히 깨어진다. 개인의 불멸이라는 터무니없는 거짓말은 모든 이성을 파괴하고 본능들의 본질을 파괴해 버린다. 그 이후로 본능들 중에서 유익한 모든 것, 생명을 촉진시키는 모든 것, 미래를 보장하는 모든 것이 의심의 대상이 되어 버렸다. 오늘날 삶의 의미는 삶의 지향점을 더 이상 갖지 않은 상태에서 살려고 하는 노력으로 해석되고 있다.

■ 적그리스도

신의 기원

　이런 일은 대체로 격정에 사로잡혀 있을 때 일어나는데, 갑자기 권력 감정이 어떤 사람을 압도할 때, 그 사람의 내면에서 자신의 인품에 대한 회의(懷疑)가 일어난다. 그 사람은 그런 놀라운 감정의 원인이 자기 자신이라고는 감히 생각하지 못한다. 따라서 그는 보다 강력한 어떤 인격을, 어떤 신성(神性)을 그 원인으로 상정한다.

　요약하면, 종교의 기원은 지극히 큰 권력 감정에 있으며, 이 권력 감정은 다소 낯설기 때문에 사람을 기습적으로 사로잡으며 놀라게 만든다. 그러면, 팔다리가 이유도 없이 무겁다는 느낌을 받는 병든 사람이 다른 사람이 자신의 팔다리를 밟고 있음에 틀림없다고 결론을 내리듯이, 그 순진한 종교적인 인간은 자기 자신을 몇 개의 인격으로 나눈다.

　이것은 종교가 "인격의 변형"이라는 점을 보여주는 한 예이다. 자기 자신에게 느끼는 일종의 두려움과 공포의 감정이 종교인 것이다. 그러나 거기엔 특별한 행복과 고양의 감정도 있다. 병든 사람들 사이에선 건강하다는 감정 하나만으로도 신에 대한 믿음이, 신의 현현에 대한 믿음이 크게 높아질 수 있기 때문이다.

■ 권력 의지

예수의 가르침은 이렇다

예수는 단도직입적으로 가슴 속의 "하늘의 왕국"으로 시작했다. 예수는 유대교 교회에 대한 의무에서 그 왕국에 이를 수단을 발견하지 않는다. 그는 심지어 유대교라는 실체(유대교가 스스로를 지켜나갈 필요성)를 아무런 의미가 없는 것으로 여긴다. 그는 순전히 정신에만 관심을 두고 있다.

예수는 인간이 신과 교류하는 온갖 엉성한 형식도 무시했다. 예수는 회개와 속죄의 가르침에도 반대한다. 그는 인간이 스스로 "신격화된" 느낌을 받기 위해 어떻게 살아야 하는지에 대해 언급하고 있다. 아울러 인간이 자신의 죄를 회개하고 회오함으로써 적절히 살기를 바라는 것은 너무나 쓸모없는 짓이라는 점을 강조하고 있다. "죄는 전혀 중요하지 않다."는 것이 사실상 예수의 주된 관점이다.

죄와 회개, 용서. 이런 것들은 기독교에 해당하는 것이 아니다. … 그것들은 그리스도의 가르침에 섞이게 된 유대교 또는 이교 사상이다.
■ **권력 의지**

하늘의 왕국이란?

하늘의 왕국은 가슴의 한 상태이다(어린이들에 대해 이런 식으로 말한다. "아이들의 가슴이 하늘의 왕국이니라.") 하늘의 왕국은 역사적으로, 그러니까 달력 속의 어느 날에 "오는" 것이 아니다. 하느님의 왕국은 어느 날 나타나고 그 전까지는 없는 그런 것이 아니다. 하느님의 왕국은 "개인의 내면에서 일어나는 감정의 변화"이다. 그것은 언제라도 올 수 있고 또 언제라도 없을 수 있는 그 무엇이다. …

■ **권력 의지**

153
예수 그리스도의 명령

예수는 당신에게 이렇게 명령한다.

당신을 잘못 대하는 사람에게 행동으로도 저항하지 말고 마음으로도 저항하지 마라.

아내와 헤어질 어떤 근거도 용인하지 마라.

외국인과 자기 나라 사람을 구분하지 말고, 낯선 사람과 친한 사람을 구분하지 마라.

누구에게도 화를 내지 말고, 누구도 경멸하지 마라. 기부금은 몰래 주고, 부자가 되기를 소망하지 말고, 욕을 하지 말고, 판단하지 말고, 적과 화해하고, 죄를 용서하고, 공개적인 자리에서 기도하지 마라.

"축복"은 약속된 것이 아니다. 당신이 특별한 방식으로 살며 행동한다면, 축복은 거기 당신 곁에 있다.

■ 권력 의지

예수 그리스도의 삶

　예수는 진정한 삶, 즉 진리 속에 사는 삶을 일상적인 삶과 대비시켰다. 예수의 마음에는 "불멸의 베드로" 같은 터무니없는 것들보다 더 낯선 것이 없었다. 단 한 사람의 인격이 영원히 이어진다는 생각 자체가 예수에겐 낯설기 짝이 없었다. 예수가 물리치고자 한 것이 바로 "인격"의 과장된 팽창이었다. 그런 그가 어떻게 인격을 불멸화하기를 원할 수 있었겠는가?

　예수는 마찬가지로 공동체 안의 계급조직을 타파하려고 노력했다. 예수가 어떤 공적(功績)에 대해 어떤 식으로 보상하겠다고 약속한 적은 한 번도 없었다. 그런 그가 어떻게 내세에서 이뤄질 처벌과 보상의 교리를 가르칠 뜻을 품을 수 있었겠는가?

■ 권력 의지

기독교에 훗날 더해진 내용

예언가 같은 태도와 기적을 행하는 요술사 같은 태도와 분노가 더해졌다. 한편, 정의의 최고재판소를 구상한 것은 가증스런 타락이다("누구든지 너희를 영접하지 않거든, … "('마가복음' 6장 11절) "내가 진실로 너희에게 말하노니, 소돔과 고모라 땅이 더 견딜 만하리라."('마태복음' 10장 15절) 등) "무화과나무"와 관련된 내용도 있다. "이른 아침에 도시로 돌아올 때, 그는 시장하였다. 그 길에 무화과나무를 보고 그는 거기로 가서 잎 외에는 아무것도 발견하지 못했다. 그래서 그는 무화과나무를 향해 이제부터 영원히 열매를 맺지 못하리라고 말했다. 그러자 즉시 무화과나무가 말라버렸다."('마태복음' 21장 18-19절) …

보상과 처벌의 원리가 꽤 불합리하게 기독교와 결합되었다. 이로 인해 모든 것이 훼손되고 말았다.

마찬가지로, 사도 바오로와 그의 태도에 따라 나타난 초기의 전투적인 교회의 관행도 마치 그것이 명령되거나 미리 결정된 것처럼 제시되고 있다.

　최초의 기독교 신자들의 실제 삶과 가르침이 훗날 찬미되었다. 마치 모든 것이 미리 예정되어 있어서 그저 따르기만 하면 되는 문제인 것처럼. '성경'에 나타나는 예언의 성취에 대해 말하자면, 그 중에서 날조되고 위조된 것이 얼마나 많겠는가!

■ 권력 의지

바오로에 의한 개작

  기독교는 분노를 품고 있는 대중의 가슴에 피어난, 평화를 사랑하는 불교 운동 같은 것이었다. … 그러나 바오로에 의해 그만 신비한 이교 숭배로 변해 버렸다. 이 숭배는 종국적으로 국가 조직을 다루는 방법까지 배웠으며, … 전쟁을 수행하고, 판결을 내리고, 고문을 자행하고, 욕을 하고 증오까지 하기에 이르렀다.

  바오로는 자신의 가르침의 바탕을, 당시에 종교적 감정을 일으켜야 할 대중이 품고 있던 신비주의에 대한 욕구에 두고 있다. 그는 어떤 제물을, 피가 흐르는 잔혹한 장면을 찾고 있었으며, 그 장면은 당시에 행해지고 있던 비밀 숭배의 우상들과 경쟁할 만한 것이어야 했다. 십자가에 매달린 신, 피를 마시는 행위, "제물"과의 신비적 결합 등이 바로 그런 장면이다.

  바오로는 삶을 사후까지 연장시키려고 노력하고(개인의 영혼이 사후에 행복하고 편안한 상태에서 살도록 한다), 사후의 삶을 '희생'과 인과관계에 놓이도록 고안했다(디오니소스와 미트라와 오시리스의 방식을 좇아서).

그는 죄의식과 죄라는 개념을 전면으로 내세울 필요성을 느꼈다. 그것도 (예수 자신이 보여주고 가르친 바와 같이) 삶의 새로운 실천으로서가 아니라, 새로운 숭배로서, 새로운 믿음으로서, 기적적 변형에 대한 믿음(믿음을 통한 "구원")으로서였다.

그는 이교도의 세계가 요구하고 있던 것이 무엇인지를 잘 이해했으며, 그리스도의 삶과 죽음에 관한 사실들 중에서 필요한 것을 자의적으로 선택해 꽤 임의적인 그림을 제시했다. 그리하여 모든 것을 새로운 관점에서 해석하고, 온 곳에서 강조의 방점을 이동시켰다. 말하자면 그는 하나의 근거 또는 원리로서의 원시 기독교를 아예 폐기해 버렸다.

성직자들과 신학자들을 파괴하려는 원시 기독교의 시도는 오히려 바오로의 덕분에 새로운 성직과 신학을 낳는 결과를 낳았다. 말하자면 지배 계층과 교회가 탄생한 것이다.

"개인"의 과장된 팽창을 억누르려는 원시 기독교의 시도도 마찬가지로 불멸의 "인격"에 대한 믿음으로 이어졌으며("영원한 구원"을 둘러싼 불안도 낳았다), 아울러 대단히 역설적이게도 개인적 이기심의 과도한 과장을 낳았다.

이것은 그 문제의 터무니없는 측면이다. 비극적인 유머라고나 해야 할까. 예수가 삶을 통해서 직접 전복시킨 것들을 바오로가 대규모로 다시 일으켜 세웠으니 말이다. 마침내 교회 조직이 완성되었을 때, 교회는 국가의 존속에 대한 허가권까지 쥐기에 이르렀다. …

교회도 예수가 통렬히 비난했던 대상이다. 예수는 사도들에게 교회에 맞서 싸우라고 가르쳤다.

■ **권력 의지**

157
바오로의 심리에 대하여

주어진 사실은 그리스도의 죽음이다. 이 죽음에 대해 어떻게든 설명해야 한다. … 그 설명에 진실이나 오류가 있을 수 있다는 생각은 이 사람들의 머리에는 절대로 떠오르지 않았다. 어느 날, 아주 고상한 어떤 가능성이 그들의 머리를 스쳤다. "그리스도의 죽음이 이런 것을 의미할 수도 있지 않을까?" 그러자 그리스도의 죽음은 즉시 그것을 의미하는 것이 되었다. 어떤 가설이 그것을 발견한 사람의 숭고한 열정에 의해 입증되고 있는 것이다. …

"힘에 의한 증명"은 어떤 사상이 그 효과에 의해('성경'이 순진하게 말하듯이, "그 열매에 의해") 증명된다는 뜻이다. 열정에 불을 지르는 사상은 진리임에 틀림없고, 사람이 목숨을 바쳐가며 지키는 사상도 진리임에 틀림없다는 식이다.

여기서, 어떤 생각이 그것을 떠올린 사람에게 돌연 안겨주는 힘의 감정이 그 생각의 유효성을 뒷받침하는 것으로 여겨지고 있다. 그리고 어떤 생각을 명예롭게 만드는 방법으로는 그것을 진리라고 부르는 외에 달리 길이 없는 것 같기 때문에, 그 생각에 가장 먼저 붙여지는 형용사는 '참된'이라는 단어이다. … 참되지 않고서야 어떻게 그 생각이 그런 효과를 낼 수 있겠어? 그 생각은 어떤 권력에 의해 상상되었음에 틀림없다. 그 권력이 진정하지 않다면 결코 그런 생각을 일으키는 원인이 될 수 없었을 것이다. … 이제 그 사상은 영감에 의해 생겨난 것으로 이해된다. 그 사상이 야기하는 효과가 악령의 영향이 느껴지는 폭력적인 어떤 성격을 갖고 있기 때문이다.

그리하여 바오로처럼 쇠퇴하는 사람이 저항하지 못하고 완전히 굴복한 사상이 진리로 "증명"되기에 이르다니!

이런 독실한 간질 환자들과 공상가들은 오늘날 문헌학자가 텍스트를 읽거나 역사적인 사건의 진실성을 테스트하면서 보이는 정직의 천분의 일도 갖추지 않았다. … 우리에 비하면, 그들은 도덕적 백치이다.

■ 권력 의지

상징을 사실로 바꿔 온 역사

기독교는 처음부터 늘 상징적인 것을 조악한 현실로 바꿔왔다.

(1) 서로 반대인 "진정한 삶"과 "거짓 삶"이 "이승의 삶"과 "내세의 삶"으로 오해되었다.

(2) 덧없기 마련인 개인의 삶과 반대되는 것으로서 "영원한 삶"이라는 개념이 "개인의 불멸"로 오해되었다.

(3) 유대인과 아랍인이 풍습에 따라 음식과 음료수를 나눠 먹고 마시면서 우애를 다지던 과정이 "성변화"(聖變化)로 오해되었다.

(4) 정신적으로 "다시 태어난다"는 의미에서 "진정한 삶"으로 들어가는 것을 의미하게 되어 있던 "부활"이 죽은 뒤 어느 순간에 일어나는 역사적인 사건으로 오해되었다.

(5) 사람의 아들을 "신의 아들"로 가르친 것이, 다시 말해 인간과 신 사이의 실제 관계가 "삼위일체의 제2위격"이 됨에 따라 모든 사람, 심지어 가장 낮은 사람들까지 신과 맺고 있던 자식 관계

가 제거되어 버렸다.

(6) 신앙을 통한 구원(말하자면, 그리스도가 가르친 삶의 실천을 통하지 않고는 신과 자식 관계에 이를 다른 길은 전혀 없다는 가르침)이 모든 죄를 속죄하는 기적적인 길이 있다는 믿음으로 퇴행했다. 우리의 행동을 통하지 않더라도, 그리스도를 통한 속죄가 가능하다는 인식이 생겨나게 된 것이다.

이로 인해, "십자가에 달린 그리스도"가 새롭게 해석되어야 했다. 이 죽음 자체는 중요한 것이 아니었다. … 그것은 단지 인간이 이 세상의 권위들과 법들 앞에서 처신하는 방법을 보여주는 또 하나의 신호였을 뿐이다. 자기 자신을 옹호하지 마라. 그것이 그 가르침이었다.

■ 권력 의지

성직자가 사람들을
지배하는 수단

성직자의 지배 수단은 이렇다. 성직자만이 교양 있고, 성직자만이 덕을 갖추고 있고, 성직자를 지배할 수 있는 사람은 성직자 본인뿐이고, 성직자만이 어떤 의미에서 신이고 최종적으로 신성으로 돌아가고, 성직자만이 신과 다른 인간 존재들 사이의 중개자가 될 수 있고, 성직자를 불리한 위치에 놓거나 성직자에게 반대하는 모든 사람은 신의 처벌을 받는다는 인식을 퍼뜨린다.

다른 수단도 있다. 진리가 존재한다고 가르치는 것이다. 진리에 이르는 길은 오직 하나밖에 없으며, 그것은 성직자가 되는 것이다. 질서와 자연 혹은 전통과 관계있는 훌륭한 모든 것은 그 흔적을 더듬고 올라가면 성직자들의 지혜에 닿을 것이다. '성경'은 성직자들의 작품이다. 전체 자연은 단지 '성경'이 담고 있는 격언들이 성취된 것에 불과하다. 선(善)의 원천은 오직 성직자뿐이다. 다른 종류의 완벽, 심지어 전사들의 완벽도 성직자들의 완벽과는 차원이 다르다. ■ **권력 의지**

160
종교개혁에 관한
역사적인 거짓말

역사에 있었던 엄청난 거짓말 한 가지는 교회의 타락이 종교개혁의 원인이었던 것처럼 기록되어 있다는 점이다. 교회의 타락은 단지 선동자들의 변명과 자기기만일 뿐이었다. 그들에게 강력한 욕구가 있었고, 그 욕구의 잔인성을 가릴 영적 외투가 절실히 필요했던 것이다.

■ 권력 의지

확신을 바탕으로
종교를 갖도록 하라

정신이 자유롭지 못한 사람은 확신을 근거로 스스로 입장을 세우지 못하고 관습을 따른다. 예를 들면, 어느 영국인이 기독교 신자인 것은 그 사람이 다양한 종교들을 충분히 이해한 상태에서 선택한 결과가 아니라 단지 영국에서 태어났기 때문이다. … 포도주를 즐기는 나라에서 태어난 사람이 포도주 애호가가 되는 것과 다를 바가 하나도 없다.

■ 인간적인, 너무나 인간적인

의지의 결여가 신앙을 낳는다

　의지가 결여된 곳에서, 언제나 신앙의 필요성이 가장 두드러진다. 왜냐하면 의지가 명령의 감정으로서 주권과 권력의 가장 뚜렷한 특징이기 때문이다. 말하자면, 명령하는 방법을 모르는 사람일수록 엄격하게 명령하는 존재를, 이를테면 신이나 군주, 계급제도, 의사, 고해 신부, 교리, 당파(黨派) 등을 더 간절히 바라게 된다.

■ 즐거운 지식

163
이 땅에 충실하라

　형제들이여, 내가 권하노니, 이 땅에 충실할 것이며 그대들에게 천상의 희망 운운하는 자들을 믿지 않도록 하라! 그런 자들은 자신이 깨닫든 않든 상관없이 독살자(毒殺者)이니라. …

　지금은 땅을 모독하는 것이 가장 무서운 죄이니라.

　　　　　　　　　　　■ **차라투스트라는 이렇게 말했다**

천상의 것들에
머리를 파묻지 마라

나는 인간들에게 새로운 긍지를 가르친다. 천상의 것들에 더이상 머리를 박지 말고, 이 땅에 의미를 부여하는 이승의 머리를 당당히 들고 다녀라!

나는 인간들에게 새로운 의지를 가르친다. 인간이 맹목적으로 따랐던 그 길을 선택하여 인정하고, 더 이상 병들어 죽어가는 사람처럼 몰래 그 길에서 벗어나는 일이 없도록 하라!

병들어 죽어가고 있는 사람들이 바로 육체와 땅을 무시하면서 천상의 세계와 속죄의 핏방울을 날조한 자들이지만, 달콤하고 슬픈 그 독(毒)들마저도 그들이 육체와 땅으로부터 빌린 것이 아니던가!

■ **차라투스트라는 이렇게 말했다**

165
신에게 버림받으려는 의지

　간절히 추구하고, 치열하고, 외롭고, 신에게 버림받는 존재가 되는 것. 그것이 사자 같은 강인한 의지가 바라는 바이다.

　노예들의 행복을 멀리하고, 신들과 신들에 대한 숭배로부터 벗어나 있고, 두려움을 모르고, 장엄하고 외로운 존재가 되는 것. 그런 것이 양심적인 사람의 의지이다.

■ **차라투스트라는 이렇게 말했다**

신 앞에서라니!

대중이 눈을 깜박이며 말한다. "그대들, 보다 높은 인간들이여, 보다 높은 인간 같은 것은 절대로 없어. 우리 모두 평등해. 신 앞에서, 인간은 인간일 뿐이야. 우리 모두 평등하다고!"

아니, 신 앞에서라니! 신은 죽었어! 그러나 우리는 대중 앞에서 평등하지 않아. 그러니 높은 인간들이여, 시장터를 멀리하도록 하라!

■ **차라투스트라는 이렇게 말했다**

천국의 검은 그림자

천국이 인간에게 드리우는 그림자는 인간이 인간 앞에서 느끼는 수치심이 커질수록 더욱 짙어졌다.

■ 도덕의 계보

교회의 거세 행위

　교회는 온갖 종류의 파문을 통해 열정을 물리친다. 교회의 관행과 교회의 "치료"는 곧 거세다. 교회는 "어떻게 하면 욕망을 고상하게 다듬고, 미화하고, 신성하게 다듬을 수 있을까?"라는 질문을 절대로 제기하지 않는다. 교회는 긴 세월을 내려오는 동안에 훈련의 초점을 근절 과정(관능성과 긍지, 지배욕, 물욕과 복수심 등의 근절)에 맞춰 왔다. 그러나 열정을 뿌리부터 공격하는 것은 생명 자체를 그 원천부터 공격하는 것을 의미한다. 따라서 교회의 방식은 생명에 해롭다.

■ **우상의 황혼**

관능성을 억누르지 마라

오직 쇠퇴한 사람만이 극단적인 방법이 불가피하다고 생각한다. 의지의 약함, 또는 더 엄밀히 말해 자극에 반응하지 못하는 무능력은 그 자체로 또 다른 형태의 쇠퇴일 뿐이다. 관능성에 극단적일 만큼 적대적인 태도는 의심스런 징후이다.

관능성에 적대적인 태도가 그런 식으로 극단적으로 흐르는 경우에 그 사람의 전반적 정신 상태를 의심해도 별로 무리가 없다.

■ **우상의 황혼**

내세가 생겨난 이유

내세라는 것이 "이곳"에 흙탕물을 튀기는 수단이 아니라면, 내세가 이 세상 너머에 있어야 하는 이유가 뭔가?

■ 우상의 황혼

상상 속의 종교

  기독교 안에서, 도덕도 종교도 현실과 전혀 접촉을 하지 않고 있다. 상상의 원인(신, 영혼, 자아, 정신, 자유 의지 또는 비(非)자유의지)과 상상의 결과(죄, 구원, 은총, 처벌, 죄의 용서)만 있을 뿐이다. 상상의 존재들(신, 정령, 영혼)이 서로 교류하고 있다.

  또 상상의 '자연사(自然史)'(인간 중심적 사고, "자연적 원인"이라는 개념의 철저한 부재)가 있고, 상상의 심리(자기 자신에 대한 오해, 유쾌하거나 불쾌한 일반적인 감정에 대한 해석일 뿐이다. 예를 들면, 종교-도덕적 성향에서 나오는 몸짓 언어를 바탕으로 교감 신경의 상태를 해석한다. 그래서 교감 신경의 상태가 참회, 양심의 가책, 악마의 유혹, 신의 현존 등으로 받아들여진다)가 있고, 상상의 목표(신의 왕국, 최후의 만찬, 영생)가 있다.

■ 적그리스도

172
기독교는 오해의 역사다

십자가에서 죽음이 있고 난 이후의 기독교 역사는 원래의 상징
적 표현을 점진적으로 더욱 조악하게 오해한 역사이다.

■ 적그리스도

껍데기의 역사

"기독교"라는 용어부터 하나의 오해이다. 진실을 말하자면, 기독교 교도는 한 사람 이상은 절대로 아니었으며, 기독교 교도는 십자가에서 죽었다. "복음"도 십자가에서 죽었다. 그 이후로 "복음"이라 불린 것은 그리스도가 살았던 "복음"과 정반대이다. 그 것은 "나쁜 소식", 즉 화음(禍音)이었다. "믿음"에서, 말하자면 그리스도를 통한 구원이라는 믿음에서 기독교인의 두드러진 특징을 보는 것은 터무니없을 만큼 틀렸다. 유일하게 기독교적인 것은 그리스도 같은 유형의 존재이다. 십자가에서 죽은 그리스도가 살았던 삶의 방식이 유일하게 기독교적인 것이다

■ 적그리스도

174
보편적인 선 같은 것은 없다

　사람은 어떤 종류의 단일성 또는 "일원론"에 대한 믿음만으로도 자신이 무한히 탁월한 어떤 '전체', 말하자면 어떤 유형의 신과 연결되고 그 신을 의지하고 있다는 감정을 아주 강하게 느낀다. "보편적인 선은 개인의 헌신을 요구한다."는 식으로 말하고 있지만, 보라, 보편적인 선 같은 것은 절대로 없느니라!

　기본적으로, 인간은 무한한 가치를 지니는 것으로 여겨지는 그 '전체'가 자기 자신을 통해 드러나지 않을 때 자신의 가치에 대한 믿음을 상실한다. 말하자면, 인간은 자신의 가치에 대한 믿음을 갖기 위해서 그런 전체를 고안한다는 뜻이다.

■ 권력 의지

이교 사상과 기독교

이교 사상은 자연적인 모든 것에 '예스!'라고 대답한다. 이교 사상은 또 자연적인 것에서 순수함을 본다. 한마디로, 이교 사상은 "자연성"이다.

기독교는 자연적인 모든 것에 '노!'라고 대답한다. 기독교는 자연적인 것에서 존엄의 결여를 보며 자연에 적대적이다.

■ 권력 의지

176
예수와 바오로를
좋아하지 않는 이유

내가 나사렛의 예수와 그의 사도 바오로에게서 절대로 좋아할 수 없는 것은 그들이 무가치한 사람들의 머리에 너무 많은 사상을 집어넣었다는 점이다. 마치 그런 사람들의 그렇고 그런 미덕들이 어떤 가치라도 지닌다는 듯이.

인류는 그 같은 사실 때문에 아주 큰 대가를 치러야 했다. 그 대가는 여러 방향으로 나타났다. 미천한 사람들이 미덕과 인간의 더욱 소중한 특징들을 불명예스런 것으로 만들어 버렸다. 그들은 고귀한 영혼이 양심의 가책과 자부심 때문에 갈등을 겪도록 했다. 그들은 또 강한 영혼이 가진, 보다 용감하고 보다 관대하고 보다 대담하고 보다 적극적인 성향들이 길을 잃도록 만들고 심지어 그 성향들이 자기파멸의 길을 걷도록 만들었다.

■ 권력 의지

216

177
육체에 대한 경멸

그들은 육체를 경멸했다. 그들은 육체를 고려하지 않았다. 아니, 육체를 적으로 다뤘다. 시체나 다름없는 실패작으로 여겨지는 육체 안에 인간이 "아름다운 영혼"을 담아 다닐 수 있다고 생각한 것은 그들의 착각이었다. …

그들은 다른 사람들에게 그 같은 광기를 주입시키기 위해 "아름다운 영혼"이라는 개념을 다른 방식으로 제시해야 했으며, 자연적인 가치를 다시 평가해야 했다. 그러다 마침내 창백하고, 병색이 짙고, 백치처럼 광신적인 인간이 완벽하고 천사 같고 변모를 이룬 보다 높은 인간으로 선언되기에 이르렀다.

■ 권력 의지

178
정신 건강을 측정하는 방법

사람이 살면서 어떤 일에 최면이 걸렸을 때 보인 그 진지함과 열의에 대해 스스로 비웃을 수 있다면, 그 사람의 정신은 건강하다. 또 자신의 참회가 마치 돌을 깨물고 있는 개의 행동처럼 느껴질 때에도, 말하자면 참회가 부끄럽게 다가올 때에도 그 사람의 정신은 건강하다.

■ 권력 의지

심리에 저질러진 중대 범죄

심리에 저질러진 중대한 범죄는 이런 것들이다.

1) 모든 고통과 불행을 잘못된 것(죄책감)과 연결시킴으로써 고통과 불행의 본질을 왜곡했다. (따라서 고통이 그 순수성을 강탈당하기에 이르렀다.)

2) 모든 강한 감정(방종, 관능, 승리, 긍지, 대담성, 인식, 확신)에 사악하고, 유혹적이고, 의심스러운 것이라는 낙인을 찍었다.

3) 약한 감정, 소심한 행위, 개인적 용기의 결여는 대단히 아름다운 단어로 치장되고 아주 바람직한 것으로 가르쳐졌다.

4) 인간 내면의 위대한 모든 것은 이타심으로, 다른 것이나 다른 사람의 이익을 위한 자기희생으로 다시 해석되었다. 심지어 지식인과 예술가의 경우에도 객관화가 위대한 지식과 능력의 원인으로 여겨졌다.

5) 사랑이 순종(그리고 이타주의)을 의미하는 쪽으로 왜곡되었다. 현실을 보면 사랑은 두 사람이 풍성한 인격을 바탕으로 서

로 주고받는 것인데도 말이다. 오직 대단히 완전한 사람들만이 사랑할 수 있으며, 개성이 없는 사람과 "객관적인" 사람은 최악의 연인이다(소녀들에게 물어보기만 해도 알 수 있는 걸!). 이것은 신이나 "고국"에 대한 사랑에도 그대로 적용된다. 사람은 먼저 자기 자신에게 확고하게 뿌리를 내리고 있어야 하는 것이다.

6) 생명은 처벌로(행복은 유혹으로), 열정은 사악한 것으로, 자기 자신에 대한 확신은 신을 믿지 않는 것으로 여겨진다.

이런 심리는 예방의 심리이고, 두려움에서 비롯된 일종의 감금이다. 한편에선 큰 집단(체질적으로 좋지 못한 자들과 실패한 자들, 평균적인 자들)이 강한 자들에게 집단적으로 맞서며 스스로를 방어하고 있는 것이 발견되고, 다른 한편에선 바로 이 집단에 속하는 계급들이 가장 크게 번성하게 할 본능들이 그들에 의해 신성시되고 명예롭게 여겨지고 있는 것이 확인되고 있다.

■ 권력 의지

180
종교와 예술을 뛰어넘어라

　당신은 어머니와 유모를 사랑하듯이 종교와 예술을 사랑했음에 틀림없다. 그렇게 하지 않고는 당신이 지혜로워질 수 없었을 테니까. 그러나 당신은 종교와 예술 그 너머를 보아야 하고 종교와 예술보다 더 높이 성장해야 한다. 종교와 예술의 금지 사항에 갇혀 있는 한, 당신은 종교와 예술을 결코 온전하게 이해하지 못할 것이기 때문이다.

■ 인간적인, 너무나 인간적인

종교가 어울리는 사람

　일상의 삶이 대단히 공허하고 대단히 무료하다고 느끼는 사람
은 종교에 쉽게 끌린다. 충분히 이해할 수 있고 또 용인될 수 있
는 일이다. 그러나 그런 사람들에게 일상의 삶이 공허하지도 않
고 단조롭지도 않은 사람들에게 종교적 감정을 요구할 권리는
절대로 없다.

■ 인간적인, 너무나 인간적인

본보기가 되는 삶의 조건

우리의 죄를 대신해 죽은 신, 신앙을 통한 구원, 사후 부활. 이런 것들은 진정한 기독교에는 없던 위조 화폐들이다. 사악한 멍청이 바오로가 만들어 낸 것임에 틀림없다.

본보기가 될 삶은 다음과 같은 조건을 갖춰야 한다. 사랑과 겸손. 가장 낮은 사람들까지도 배제하지 않는, 따스함이 넘치는 감정. 권리 주장에 대한 공식적 부정. 자기 자신을 상대로 승리를 거둔다는 의미에서 말하는 정복. 온갖 슬픔과 반대와 죽음에도 불구하고 이 세상에서 행복을 이룰 수 있다는 확신. 용서. 화의 극복. 보답 받으려는 욕망의 부재. 누구에게도 속박되지 않으려는 태도. 영적 및 지적 독립. 봉사와 빈곤의 삶을 살겠다는 의지를 바탕으로 영위하는 당당한 삶 등이 그 조건이다.

■ **권력 의지**

chapter 5

도덕에 대하여

도덕적 현상 같은 것은 절대로 없다.
오직 어떤 현상에 대한 도덕적 해석만 있을 뿐이다.

183
도덕의 두 가지 기원

　도덕의 기원을 거슬러 올라가면 두 가지 사상에 닿는다. 말하자면, "공동체가 개인보다 더 중요하다."는 사상과 "영원한 이익이 일시적인 이익보다 더 소중하다."는 사상이 도덕의 기원인 것이다. 이 사상들에서 나온 결론은 이렇다. 공동체의 영원한 이익이 무조건 개인의 일시적인 이익이나 행복, 개인의 영원한 이익, 심지어 개인적 존재의 연장보다 더 중요하다는 것이다.

■ 인간적인, 너무나 인간적인

184
관습을 따르는 것이 도덕이다

도덕은 관습에 순종하는 것에 지나지 않는다. 관습의 본질이 어떤지에 대해서는 따져 묻지 않는다. 관습은 단지 전통적인 방식으로 행동하고 판단하는 것에 불과하다.

전통이 없는 곳엔 도덕도 없다. 삶이 전통의 지배를 덜 받는 곳일수록, 도덕의 범위는 그만큼 좁다. 자유로운 사람은 비도덕적이다. 왜냐하면 전통에 의지하지 않고 자기 자신을 믿는 것이 자유로운 사람의 의지이기 때문이다.

원시적인 상태에서, '악'은 '개인적'이나 '자유로운' '자의적인' 등의 표현과 동일했다. 언제나 이런 기준에 의해 평가되는 원시적인 조건에서, 전통의 명령을 따르지 않고 다른 이유(예를 들면, 어떤 행동이 개인에게 유익하다는 이유)로 행해진 행동은 무엇이든 비도덕적인 것으로 통한다.

■ 여명

보다 높은 가상의 세계는 없다

관습이라는 도덕의 영향을 받는 사람은 무엇보다 먼저 관습의 원인을 무시하고, 둘째로 관습의 결과를 무시하고, 셋째로 현실을 무시하면서 보다 높은 감정들(경외, 숭고, 긍지, 감사, 사랑)을 갖고 상상의 어떤 세계를, 소위 보다 높은 세계를 엮어낸다.

오늘날에도 이 같은 태도의 결과가 목격되고 있다. 사람의 감정이 어떤 형식으로든 고양되고 있는 곳마다, 그런 가상의 세계가 뚜렷이 모습을 드러내고 있는 것이다.

■ 여명

186

미덕은 개인을 해친다

　미덕은 훌륭한 것으로 통한다. 어떤 사람의 미덕을 놓고 훌륭하다고 말하는 이유는 그 미덕이 그 사람 본인을 이롭게 하기 때문이 아니라 다른 사람들과 사회를 이롭게 하기 때문이다. … 미덕을 칭송하는 것은 개인에게 은밀히 해롭게 작용할 무엇인가를 칭송하는 것이나 마찬가지이다. 왜냐하면 미덕을 칭송하는 것이 곧 개인으로부터 숭고한 자기사랑을, 또 자기 자신을 최대한 돌볼 권리를 빼앗을 그런 충동을 칭송하는 것이기 때문이다. … 우리 "이웃"이 이타적인 성향을 칭송하는 것은 그 이웃이 나의 이타심으로 이득을 챙길 수 있기 때문이 아닌가! 만약 이 이웃 본인이 "이타적인" 성향을 가졌다면, 그 사람은 다른 사람이 스스로를 돌볼 힘을 파괴하는 데에 반대하고, 자신의 이익을 위해 남에게 피해를 입히는 일에 반대하고, 그런 성향을 그 뿌리에서부터 차단하고, 무엇보다 그런 성향에 멋진 이름을 붙이지 않음으로써 자신의 이타심을 드러냈을 것이다. 　　　　■ **즐거운 지식**

187
최선을 다하게
만드는 도덕이 최고다!

"이건 하지 마라! 저건 거부하라! 당신 자신을 억눌러라!"는 식으로 강요하는 도덕 체계는 대개 나의 반감을 불러일으킨다. 내가 좋아하는 도덕 체계는 나로 하여금 무엇인가를 하도록 만들고, 그 일을 아침부터 밤 늦은 시간까지 거듭 반복해서 하도록 만들고, 또 잠을 자면서 그것에 관해 꿈을 꾸도록 자극하고, 그 일을 최대한으로 잘 해내겠다는 생각 외에 다른 생각을 품지 못하도록 만드는 그런 도덕 체계이다.

■ 즐거운 지식

188
정신의 3가지 변태

　이제 그대들에게 정신의 3가지 변태에 대해 이야기하려 하네. 왜 정신이 한 마리 낙타가 되고, 낙타가 다시 사자가 되고, 사자가 마침내 어린아이가 되어야 하는지에 대해서 말이네.

　무거운 많은 것들은 존경을 표하면서 무거운 짐을 기꺼이 지려 하는 강한 정신의 몫이다. 왜냐하면 대단히 무거운 짐은 정신의 강인함을 요구하기 때문이다.

　무엇이 무거운가? 무거운 짐을 기꺼이 지려 드는 정신은 그렇게 물으면서 낙타처럼 무릎을 꿇고 앉아 짐이 꽤 많이 실리길 원한다.

　그대 영웅들이여, 무엇이 가장 무거운가? 내가 등에 짊어지고 나 자신의 힘을 확인함으로써 기쁨을 누리게 할 짐이 어떤 것인가? 짐을 기꺼이 지려 드는 정신이 물었다.

　그것은 이것이 아닌가? 자만심을 억누르기 위해 스스로를 모욕하는 일이 아닌가? 자신의 지혜를 조롱하기 위해 자신의 어리석음을 드러내는 일이 아닌가?

아니면 이것인가? 우리의 대의가 승리를 축하하고 있을 때 그 대의를 버리는 것인가? 악마를 유혹하기 위해 높은 산을 오르는 것인가?

아니면 그것은 이것인가? 인식의 도토리와 풀을 먹으며, 진리를 위해 영혼의 굶주림을 견디는 것인가?

아니면 이것인가? 몸이 아프면서도 위로하러 오는 사람들을 거절하고, 당신의 요청을 절대로 듣지 못할 귀머거리를 친구로 사귀는 것인가?

아니면 이것인가? 진리의 물이라면 더러운 물에라도 들어가고, 차가운 개구리나 따뜻한 두꺼비도 거부하지 않는 것인가?

아니면 이것인가? 우리를 경멸하는 자들을 사랑하고, 우리에게 겁을 주려는 유령에게 오히려 화해의 손을 내미는 것인가?

이 무거운 짐들을 모두 등에 짊어진 강인한 정신은 짐을 다 지고 나면 황야로 길을 서두르는 낙타처럼 자신의 황야를 향해 발걸음을 재촉한다.

그러나 외롭기 짝이 없는 광막한 황야에서, 두 번째 변태가 일어난다. 여기서 정신이 한 마리 사자가 되는 것이다. 이제 정신은 자유를 쟁취하고, 자신의 황야에서 지배자가 된다.

거기서 사자는 마지막 구세주를 찾는다. 사자는 마지막 구세주에게, 마지막 신에게 적대감을 보일 것이다. 승리를 거두기 위해서 사자는 이 거대한 용과 결투를 벌일 것이다.

정신이 더 이상 구세주나 신이라고 부르지 않는 이 거대한 용은 무엇인가? "너는 해야 해!"가 이 거대한 용의 이름이다. 그러나 사자 같은 정신은 "내가 알아서 할 거야."라고 말한다.

비늘 있는 짐승인 "너는 해야 해!"가 황금빛을 반짝이며 정신이 가는 길에 누워 있다. 비늘마다 "너는 해야 해!"라는 명령이 금빛으로 빛나고 있다.

천년이나 된 가치들이 그 비늘들 위에서 빛을 발하고 있으며, 용들 중에서 가장 힘이 센 그 용이 말했다. "만물의 가치들이 모두 나에게서 반짝이고 있구나!"

"모든 가치들은 이미 다 창조되었고, 창조된 모든 가치들을 대표하는 존재가 바로 나야. 진정으로 말하건대, '내가 알아서 할 거야' 같은 것은 더 이상 없어." 용이 이렇게 말했다.

형제들이여, 정신에 사자가 있어야 하는 이유는 무엇인가? 곧잘 단념하면서 존경을 표하는, 그저 짐을 싣는 짐승만으로 충분하지 않은 이유는 무엇인가?

그것은 새로운 가치들을 창조하기 위해서라네. 사자조차도 아직 성취하지 못한 일이지만, 새로운 창조에 필요한 자유를 창조하는 것, 그것은 사자의 힘으로도 가능하지.

그것은 또 스스로 자유를 창조하고, 의무에도 진정으로 '노'라고 말할 수 있기 위해서라네. 형제들이여, 그걸 위해 사자가 필요하다네.

그것은 또 새로운 가치들에 대한 권리를 주장하기 위해서라네. 기꺼이 짐을 지려 들고 존경하는 태도를 보이는 정신에게 가장 힘든 부분이 바로 이것이야. 정말이지, 그런 정신에겐 그 같은 권리를 주장하는 것이 곧 약탈이고, 맹수나 하는 짓으로 여겨지니 말이네.

정신도 한때는 "너는 해야 해!"의 명령을 가장 신성한 것으로 여겼어. 그러나 지금 정신은 더없이 신성한 것에서도 망상과 자의성을 보지 않을 수가 없어. 정신은 자신의 사랑으로부터도 자유를 쟁취해야 해. 이 쟁취에 사자가 필요한 거야.

그러나 형제들이여, 말해 보라! 어린아이가 무엇을 할 수 있는가? 사자조차 하지 못할 일을? 왜 지금 약탈하는 사자가 어린아이가 되어야 하는가?

어린아이는 순수이고, 망각이고, 새로운 시작이고, 놀이이고,

스스로 구르는 바퀴이고, 최초의 움직임이고, 거룩한 긍정이야.

그렇다. 형제들이여, 창조를 위해서 신성한 긍정을 삶으로 끌어들일 필요가 있어. 지금 정신은 자신의 의지를 원하고 있어. 세상으로부터 버림받은 자는 자신만의 세상을 얻는 법이라네.

정신의 3가지 변태를 나는 그대들에게 설명했노라. 정신이 낙타가 되고, 그 낙타가 다시 사자가 되고, 그 사자가 마침내 어린 아이가 되어야 하는 이유를.

■ **차라투스트라는 이렇게 말했다**

189
언제나 현실을 딛고 있어라

  형제들이여, 그대들의 미덕의 힘으로 이 땅에 충실하도록 하라! 그대들의 베푸는 사랑과 그대들의 지식을 땅의 의미에 온전히 바치도록 하라!

  나 이렇게 기도하며 그대들에게 간청하노라.

  그대들의 미덕이 땅을 박차고 하늘로 날아오르는 일이 없도록 할 것이며, 그 날개를 영원의 벽에 부딪는 일이 없도록 하라.

■ 차라투스트라는 이렇게 말했다

미덕이 아니라 비겁이다

친절이 지나친 곳에서, 약함도 지나친 것이 확인된다. 정의와 동정이 지나친 곳에서, 약함도 지나친 것이 확인된다.

그들은 서로에게 너그럽고, 공평하고, 이해심이 깊다. 모래알이 모래알에게 너그럽고 공평하고 이해심 깊게 대하듯이.

얌전하게 작은 행복을 받아들이며, 그것을 그들은 "복종"이라고 부른다. 그와 동시에 그들은 얌전하게 새로운 작은 행복을 찾기 시작한다.

그들은 정말로 오직 한 가지만을 원한다. 자신을 해치는 사람이 없었으면 하는 바람을 품고 있는 것이다. 따라서 그들은 다른 모든 사람의 소망을 미리 예상하고는 모두에게 잘 대한다. 그러나 그런 태도는 "미덕"이라는 이름으로 불릴지라도 비겁이다.

그리고 그런 하찮은 사람들이 어쩌다 거칠게 말할 때 유심히 들어보면, 귀에 거슬리는 쉰 소리밖에 들리지 않는다.

그들은 정말 약삭빠르며, 그들의 미덕들은 영리한 손가락들을 가졌다. 그러나 그들에겐 주먹이 없다. 그들의 손가락은 주먹 안으로 오므려 들어가는 방법을 모른다.

그들에게 미덕은 사람을 얌전하게 굴도록 길들이는 것이다. 미덕으로 그들은 늑대를 개로 만들고, 인간을 인간의 최고 가축으로 만들어 버렸다.

그들의 능글맞은 웃음은 나에게 이렇게 말하고 있다. "우리는 우리의 의자를 한가운데에, 그러니까 죽어가고 있는 검투사들과 그 장면에 만족해하는 야비한 인간들 사이에 놓았어." 그러나 그것은 중용이라 불릴지라도 그저 평범함일 뿐이다.

■ **차라투스트라는 이렇게 말했다**

관능적 쾌락의 아름다움

관능적 쾌락. 그것은 자유로운 가슴의 소유자들에게 순진무구하고 자유로운 어떤 것이며, 지상의 낙원에서 누리는 행복이며, 현재로 넘쳐흐르는 미래의 감사이다.

관능적 쾌락. 그것은 무기력한 자에게만 감미로운 독(毒)일 뿐, 사자의 의지를 가진 사람에겐 기운이 펄펄 나게 하는 강장제이고, 경건하게 보관된 포도주 중의 포도주이다.

관능적 쾌락. 그것은 보다 높은 행복과 보다 높은 희망을 상징적으로 보여주는 위대한 행복이다. 많은 사람들에게 결혼, 아니 결혼 그 이상의 것을 약속하고 있으니 말이다. …

■ **차라투스트라는 이렇게 말했다**

도덕적 해석만 있을 뿐이다

도덕적 현상 같은 것은 절대로 없다. 오직 현상에 대한 도덕적 해석만 있을 뿐이다.

■ 선과 악을 넘어서

193
인생의 가장 위대한 순간

우리 인생에서 가장 위대한 순간은 우리가 그 동안 나쁜 것으로 여겨 왔던 것을 가장 훌륭한 것으로 다시 평가하는 용기를 발휘하는 때이다.

■ 선과 악을 넘어서

악이라 불리는 개인의 능력

개인을 군집보다 더 높이 끌어올리면서 이웃들에게 두려움의 원인으로 작용하고 있는 요소는 모두 '악'이라 불린다. 반면에 너그럽고 겸손하고 스스로 알아서 적응하고 평등을 추구하려는 성향, 즉 욕망의 평범함은 도덕적으로 우수한 것으로 여겨지면서 명예를 누린다.

■ 선과 악을 넘어서

도덕에 대한 관심조차 버려라

　도덕에 대해 깊이 생각하는 사람이 적을수록 더 바람직하며, 따라서 미래의 언젠가엔 도덕이 관심의 대상조차 되지 않는 것이 가장 바람직하다.

■ 선과 악을 넘어서

주인 도덕과 노예 도덕

지금까지 이 땅을 지배했거나 지배하고 있는, 세련되었거나 조악한 도덕들을 두루 돌아보면서, 나는 어떤 특징들이 서로 연결된 상태로 규칙적으로 거듭 나타나면서 최종적으로 두 가지 유형으로 뚜렷이 구분된다는 사실을 확인했다. 이를 바탕으로 나는 근본적인 구분을 할 수 있었다. 주인 도덕과 노예 도덕이 뚜렷이 나뉜 것이다.

그러나 여기서 나는 보다 높고 혼합된 문명에서는 예외 없이 두 가지 도덕을 화해시키려는 시도도 이뤄진다는 말을 덧붙여야 한다. 그러나 두 가지 도덕을 제대로 이해하지 못하고 오해하는 경우가 많다. 심지어 같은 사람의 영혼 안에서도 주인 도덕과 노예 도덕이 공존하기도 한다.

■ 선과 악을 넘어서

주인 도덕과 노예 도덕의 차이

　노예 도덕은 기본적으로 유용성의 도덕이다. 바로 여기서 "선"과 "악"이라는 그 유명한 대립물이 기원한다. 권력과 위험은 악한 것에 속하는 것으로 여겨진다. 경멸을 용납하지 않는 치열성과 치밀성, 강함도 악에 속하는 것으로 여겨진다. 따라서 노예 도덕에 따르면 "악한" 사람은 주위에 두려움을 불러일으키는 사람이다. 그러나 주인 도덕에 따르면 두려움을 불러일으키거나 두려움을 불러일으키려고 노력하는 사람이 바로 "선한" 사람인 반면에 비열한 존재는 나쁜 사람으로 여겨진다.

　노예 도덕의 논리적 결과에 따라, 인간 존재에 대한 평가절하의 그림자가 마침내 노예 도덕이 말하는 "선한" 사람들에게까지 닿을 때, 노예 도덕과 주인 도덕의 대조가 극에 달한다. 왜냐하면 노예의 사고방식에 따르면 선한 사람은 어떤 경우든 안전한 사람이 되어야 하기 때문이다. 선한 사람은 본성이 선하고, 쉽게 속고, 어느 정도 어리석고 마음씨 좋은 사람이다. 노예 도덕이 우세한 곳마다, "선"과 "어리석음"의 의미가 서로 비슷해지는 경향이 나타난다.

　마지막 근본적인 차이는 이것이다. 자유를 향한 갈망과 행복을 추구하려는 본능, 그리고 해방의 감정은 당연히 노예 도덕에 속하고, 공경과 헌신의 정신에서 솜씨와 열정을 발휘하는 것은 귀족적인 사고방식과 가치 평가의 두드러진 특징이다.

■ **선과 악을 넘어서**

198
노예의 가치 체계와
귀족의 가치 체계

노예 도덕은 그 존재 조건으로 객관적인 외부 세계를 필요로 한다. 생리학의 용어를 빌리면, 노예 도덕이 작동하기 위해선 객관적인 자극이 필요하다는 뜻이다. 노예 도덕의 행위는 기본적으로 반응이다.

귀족의 가치 체계는 이와 정반대이다. 귀족의 가치 체계는 자발적으로 작동하고 성장한다.

■ 도덕의 계보

인간의 왜소화와
평준화의 위험

　유럽인들을 왜소화하고 평준화하고 있는 현상에 심각한 위험이 도사리고 있다. 왜냐하면 고귀한 인간들을 지치게 만드는 것이 바로 그런 현상이기 때문이다. 오늘날엔 더욱 위대해지려는 노력이 전혀 보이지 않는다. 언제나 정반대의 과정이 전개되고 있는 것 같다. 말하자면, 보다 약하고, 보다 무해하고, 보다 교활하고, 보다 편안하고, 보다 평범하고, 보다 무관심하고, 보다 기독교적인 그 무엇을 향해 뒷걸음질을 치고 있는 것이다.

■ **도덕의 계보**

행위가 곧 힘이다

강한 존재에게 자신을 강하게 표현하지 말라고 요구하는 것은, 다시 말해 강한 존재에게 압도하고자 하는 소망이나 전복하려는 소망, 주인이 되려는 소망, 그리고 적(敵)과 반대와 승리를 추구하려는 소망을 품어서는 안 된다고 말하는 것은 약한 것에게 자신을 강하게 표현하라고 요구하는 것만큼이나 터무니없다. 힘의 크기는 곧 움직임과 의지, 행위의 크기이다.

■ **도덕의 계보**

201

선과 온화함, 순종의
또 다른 이름

　복수하지 못하는 무능력은 "선"(善)이라 불리고, 비굴한 야비함은 온화함이라 불리고, 혐오스런 사람들에게 복종하는 것은 순종이라 불린다. 약한 자의 비공격적인 성격, 소심함, 문간에 서서 기다리는 태도 등은 "미덕"으로 여겨지는 "인내"라는 멋진 이름을 얻는다. 직접 보복하지 못하는 무능력은 보복하지 않으려는 태도로 여겨지면서 아마 용서라고 불릴 것이다.

　　　　　　　　　　　　　　　　　　■ 도덕의 계보

202
양심은 강한 자의 본능이다

책임이라는 탁월한 특권에 대해 자랑스럽게 여기는 인식이 그 사람의 내면 맨 아래로 서서히 가라앉아 하나의 지배적인 본능이 된다. 그 사람이 이 지배적인 본능에 대해 어떤 식으로라도 언급해야 하는 상황에 처할 경우에 그것을 무슨 이름으로 부를까? 의심의 여지없이, 주도적인 삶을 살고 있을 그 사람은 그것을 양심이라고 부를 것이다.

■ 도덕의 계보

203
본질적으로 옳은 것은 없다

　본질적으로 옳은 것과 본질적으로 그른 것에 대해 이야기하는 것은 완전히 터무니없는 짓이다. 기본적으로, 침해와 억압, 착취, 소멸도 절대로 그릇된 것이 아니다. 생명 자체가 기본적으로 피해를 입히고, 억압하고, 착취하고, 전멸시키는 것이기 때문이다.

■ 도덕의 계보

204
불량한 양심의 기원

밖으로 발산할 기회를 갖지 못한 본능은 모두 안으로 향한다. 그것이 인간의 "내면화"이다. 그 결과, 인간의 내면에서 최초의 성장이 이뤄지는데, 바로 이것이 영혼이다. 맨 처음에 두 개의 피부 층(層) 사이에 퍼져 있는 것처럼 얇았던 내면세계는 폭발하듯 팽창하면서, 배출이 방해를 받을 때마다 그 깊이와 폭과 높이를 더해 갔다.

사회 조직이 끔찍한 방어벽들(처벌도 당연히 이 방어벽에 속한다)을 쌓음으로써 옛날의 자유 본능들로부터 스스로를 보호하게 되었는데, 따라서 거칠고, 자유롭고, 배회하는 인간의 온갖 본능이 이젠 방어벽에 막혀 인간 자체를 표적으로 삼기에 이르렀다. 적의(敵意), 잔인성, 그리고 박해나 기습이나 변화나 파괴에서 얻는 희열 등은 바로 이런 온갖 본능들이 그 본능의 소유자에게 해롭게 작용한 결과 나타나게 된 것이다. 바로 이것이 "불량한 양심"의 기원이다.

■ 도덕의 계보

도무지 이해되지 않는
인간의 의지들

  인간이 영원히 처벌을 받아야 할 만큼 무거운 죄를 지었다고 스스로 인정하려 드는 의지, 죄에 따른 처벌 같은 것이 전혀 없었는데도 스스로 벌을 받았다고 생각하려 드는 의지, "고정 관념"의 미로에서 빠져나올 길을 아예 영원히 막아버리기 위해 죄와 처벌의 문제로 우주의 근본 바탕을 훼손시키려 드는 의지, 자신의 무가치함을 뒷받침할 이상(理想)을, 말하자면 "성스러운 신"이라는 이상을 세우려 드는 의지.

  이런 것들이야말로 심리 영역에서 지금까지 유례가 없을 만큼 요란하게 벌어지고 있는 의지의 광기가 아닌가. 아, 어쩌나, 미쳐 날뛰는 저 짐승 같은 인간을!

■ 도덕의 계보

겸손은 발에 밟힌
벌레의 조심성일 뿐

벌레는 사람의 발에 밟히면 움츠린다. 이것은 벌레의 조심성을 증명한다. 그렇게 함으로써 벌레는 다시 밟힐 확률을 낮춘다. 도덕의 언어로 표현하면, 그런 것이 곧 겸손이다.

■ 우상의 황혼

도덕은 하나의 오류다

　도덕은 원래 삶의 목표나 배려 또는 동기에서 나온 것이 아니며, 그 자체로 하나의 구체적인 처벌이다. 그렇기 때문에 도덕은 형용할 수 없을 만큼 많은 피해를 안긴 특별한 오류이며 퇴화한 자들의 특성이다. 그러므로 도덕에 대해 누구도 자비심을 느껴서는 안 된다.

　　　　　　　　　　　　　　　　　　■ 우상의 황혼

208
도덕적 판단과
종교적 판단의 공통점

　도덕적 판단과 종교적 판단은 한 가지 공통점을 갖고 있다. 똑같이 실제로 존재하지 않는 현실을 믿고 있다는 점이다. 도덕은 단지 어떤 현상에 대한 해석에 지나지 않는다. 더 엄밀히 말하면, 현상에 대한 엉터리 해석이 도덕인 것이다.

　도덕적 판단은 종교적 판단과 마찬가지로 무지(無知)의 단계에 속한다. 실재하는 것과 상상 속의 것을 구분하는 현실 개념조차 아직 확립되어 있지 않으니 말이다.

■ 우상의 황혼

209

자기 자신에게
무관심한 것이 죄다

　"이타적" 도덕, 말하자면 이기심을 시들게 하는 도덕은 어떤 상황에서도 나쁜 신호이다. 이 말은 개인, 특히 민족에게 적용되는 말이다. 이기심이 결여되기 시작할 때, 최선의 것이 결여되기 시작한다.

　본능적으로 자기 자신에게 해로운 것을 선택하는 것, "사심 없는" 동기에 유혹 당하는 것, 이런 것이 바로 쇠퇴의 공식이다. "자신의 이익을 진정으로 생각하지 않는 것", 그것은 단지 그것과 매우 다른 생리적인 어떤 사실을 숨기고 있는 도덕적 무화과나무 잎일 뿐이다. 이 생리적인 사실이 바로 "나의 관심을 끄는 것이 없어."라는 것이다. … 본능의 붕괴! 이타적인 존재가 되는 순간, 인간은 끝장이다.

■ **우상의 황혼**

도덕적 평가의 결과

도덕적 평가가 사회를 지배하게 된 결과, (이기적이지 않은 것은 결코 불가능하다는 것을 알고 있음에도 불구하고) 우리는 모든 이기적인 것을 좋아하지 않게 되었고, (자유 의지나 "선험적 자유" 같은 것은 불가능하다는 것을 알고 있음에도 불구하고) 가장 절실히 필요한 것까지 좋아하지 않게 되었다.

우리는 지금 우리를 지배하고 있는 가치들이 놓여 있는 영역에 닿을 수 없다는 것을 알고 있다. 또 동시에 그런 식으로 우리의 가치를 저 너머 다른 영역에 둔다고 해서 우리가 지금 몸담고 있는 이 영역의 가치가 조금도 더 높아지지 않았다는 것도 잘 알고 있다. 정반대로, 우리 모두는 지쳐 있다. 살아가는 데 중요한 동기를 상실했기 때문이다.

■ 권력 의지

자연은 도덕을 모른다

자연이 쇠퇴한 사람들에게 전혀 동정을 보이지 않는다 하더라도, 그런 자연은 절대로 부도덕하지 않다. 정반대로, 인간들 사이에 생리적 및 도덕적 질병이 증가하고 있는 현상이 병적이고 부자연스런 도덕의 결과이다. 오늘날 과반에 이르는 인간의 신경이 병적이고 부자연스럽다.

인류가 도덕적으로나 생리적으로 타락하는 이유가 무엇인가? 신체 기관 중 어느 하나만 쇠약해져도 육체는 소멸한다. 그러므로 생리학에서는 이타주의의 권리가 나올 수 없다. 운명의 평등을 주장하고 타인을 돕는 권리도 마찬가지로 생리학에서 나오지 못한다. 이타주의의 권리와 운명의 평등은 쇠퇴한 자들과 불우한 자들에게 그저 주어지는 상(賞)일 뿐이다.

■ 권력 의지

'예스'와 '노'의 기준

　나는 인간을 약하게 만드는 모든 것에, 인간을 소진하게 만드는 모든 것에 '노'라고 말하라고 가르친다.

　나는 인간을 강하게 만드는 모든 것에, 인간의 힘을 축적시키는 모든 것에, 힘의 감정을 뒷받침하는 모든 것에 '예스'라고 말하라고 가르친다.

　지금까지 어느 누구도 '노'나 '예스'에 대해 가르치지 않았다. 그 대신에 엉뚱하게도 미덕을, 자기 자신에 대한 무관심과 동정, 심지어 생명에 대한 부정까지 낳는 미덕을 가르쳤다. 이런 것들은 모두 소진한 사람들이 강조하는 가치일 뿐이다.

■ 권력 의지

르네상스적인 의미의 미덕

유능한 장인(匠人)이나 학자는 자신의 예술에 긍지를 품고 있을 때 넉넉한 인상을 풍기고 유쾌해 보이며 삶에 만족하는 모습을 보인다. 그런 한편, 순교자 같은 분위기를 풍기면서 자신은 진정으로 훌륭한 무엇인가를 위해 태어났다는 점을 사람들에게 이해시키려 드는 서투른 장인이나 선생이 있는데, 이 세상에 그들의 모습보다 더 비참한 것은 없다.

훌륭한 것보다 더 나은 것은 없다. 훌륭한 것이란 어떤 능력을 갖고 있으면서 그것을 최대한 활용하는 것을 말한다. 바로 그것이 이탈리아 르네상스 시대에 비르투(virtue)라고 불린 것이다.

■ 권력 의지

정신적 훈련에 충실하라

현대인의 온갖 도덕적 장식 그 아래에 현대인의 정신적 훈련의 결여가 숨겨져 있다. 훈련의 결여를 가리는 겉치레 단어로는 이런 것들이 있다.

관용("'예스'나 '노'라고 답하지 못하는 무능력"을 덮고 있다), 넉넉한 동정심(3분의 1은 무관심이고, 3분의 1은 호기심이고, 3분의 1은 병적 민감성이다), "객관성"(인격의 결여, 의지의 결여, "사랑하지 못하는" 무능력이다), 규칙으로부터의 "자유"(낭만주의), 허위와 거짓말과 대비되는 "진리"(자연주의), "과학적인 정신"("인간의 기록", 바꿔 말하면 "구성"이 아니라 "추가"를 의미하는 연재 이야기), 무질서와 무절제 대신에 쓰이는 "열정", 상징들의 혼란과 난잡함을 가리는 "깊이" 등등.

■ 권력 의지

악하지 않은 것이 단점이다

　불행하게도, 사람은 더 이상 충분히 악하지 않다. "인간은 맹수(猛獸)"라고 말하는 루소의 반대자들은 불행히도 틀렸다.

　인간의 타락이 아니라 인간이 부드러워지고 도덕적인 존재가 되었다는 사실이 지금 인간에게 저주로 작용하고 있다. 루소가 맹렬히 맞서 싸웠던 바로 그 영역에서, 상대적으로 강하고 썩 괜찮은 유형의 인간이 여전히 발견되고 있다(이 유형의 사람들 사이에서는 위대한 열정이 아직 깨어지지 않았다. 그들에겐 권력 의지, 향유하려는 의지, 명령하려는 의지와 능력이 아직 남아 있는 것이 확인된다).

■ 권력 의지

더 많은 것을 욕망하라

어떻든, 세상에는 늘 유산자(有産者)들이 아주 많을 것이며, 따라서 사회주의는 한 차례 질병의 공격 그 이상의 의미를 지니기 어렵다. 이 유산자들은 "사람은 인간다운 존재가 되기 위해서 무엇인가를 소유해야 한다."는 신앙을 가진 단 한 사람처럼 일사불란하게 행동할 것이다.

그러나 이것은 모든 본능들 중에서 가장 오래되고 가장 건전한 본능이다. 여기에 나는 이렇게 덧붙여야 한다. "사람은 더 나은 존재가 되기 위해서 지금 가진 것보다 훨씬 더 많은 것을 욕망해야 한다." 이것이 살아 있는 모든 생명체들을 향해서 생명이 설교하고 있는 가르침이다. 바로 발달의 도덕인 것이다. 소유하고 또 더욱 많은 것을 소유하기를 바라는 것, 한마디로 말해 성장하는 것이 곧 삶이다.

■ 권력 의지

선과 악의 기원

‘신성한 거짓말’(Holy Lie)[6]은 주로 어떤 행위의 목표(자연스런 목표인 이성이 사라지고, 도덕적인 목표, 즉 법의 준수 또는 신을 위한 봉사가 등장한다)와 어떤 행위의 결과(자연스런 결과가 초자연적인 그 무엇으로 해석되고, 그 근거를 보다 확실하게 만들기 위해서 통제 불가능하고 초자연적인 다른 결과들이 예언된다)에 적용된다.

이런 식으로, 선과 악의 개념이 창조되며, 이 개념은 자연적인 개념들, 말하자면 “유익한”“해로운”“생명을 촉진하는”“생명을 지체시키는” 등의 개념들로부터 꽤 멀리 벗어나 있다. 정말로, 또 다른 삶이 상상되고 있는 한, 그 선과 악의 개념은 자연 속의 선과 악의 개념과 정반대일 수 있다. 이런 식으로, “양심”이라는 유명한 개념이 마침내 창조된다.

………
6   성직자와 철학자들이 대중의 신심을 불러일으키기 위해 사용하는 수단을 일컫는 용어로, 니체가 제시한 개념이다.

이 내면의 목소리는 모든 행동에 대해 나름대로 목소리를 내고 있음에도 불구하고, 행동의 가치를 그 행동의 결과에 따라 측정하지 않고 "법"과 일치하는지 여부에 따라 결정하고 있다.

■ 권력 의지

도덕의 폐해

    도덕적 향상의 대가는 무엇인가? 이성의 기능이 훼손되고, 모든 동기들이 공포와 희망(처벌과 보상)으로 해석되고, 사람들이 성직자들의 후견에 의지하게 하고 또 신의 의지를 담은 것으로 여겨지는 예배서의 정확성에 의지하게 되고, 경험과 실험 대신에 "양심"이라는 거짓 과학이 확립되게 된 것 등이 그런 대가이다. 마치 사람이 해야 하거나 하지 말아야 할 것이 모두 미리 정해져 있는 것처럼 말이다. 이것은 추구하고 노력하는 정신을 위축시키는 것이나 다를 바가 없다. 요약하면, 상상 가능한 인간의 사지 절단 행태 중에서 최악의 상황이 여기서 벌어지고 있으며, 그런 식으로 사지가 절단된 결과물이 "선한 인간"으로 여겨지고 있다.

■ 권력 의지

강한 인간의 특징

스스로를 평균적인 인간보다 의미 있을 만큼 더 높이 끌어올린 모든 사람들의 예를 바탕으로 판단할 때, 강한 권력을 확보한 사람은 선과 악으로부터도 자유롭고, "진정한 것"과 "거짓된 것"으로부터도 자유로우며, 선(善)의 요구를 고려하지 않는 것이 확인된다.

높은 수준의 모든 지혜에도 이와 똑같은 원칙이 적용된다. 그런 지혜에서는, 정직과 정의, 미덕을 포함해, 가치 평가에 자주 등장하는 공상들과 마찬가지로 선도 폐기된다. 종국적으로, 높은 차원의 선(善) 자체가 버려진다. 그런 선이 이미 정신적 근시(近視)와 조잡을 전제하고 있는 것이 분명하지 않은가? 또 그것은 인간이 진실과 거짓, 유익한 것과 해로운 것을 멀찍이서 구분하는 능력을 갖추지 못했다는 것을 보여주지 않는가? 그러니 최고 수준의 선이 행사하는 높은 권력이 최악의 재앙("악의 폐기")을 낳을 것이라는 사실에 대해서는 논의할 필요조차 없지 않을까?

■ **권력 의지**

220
도덕을 낳은 토양을 따져라

    예전엔 모든 형식의 도덕에 대해, "그 열매를 보면 어떤 도덕인지 알 수 있다."는 식으로 말했다. 그러나 나는 모든 형식의 도덕에 대해 이렇게 말한다. "도덕은 하나의 열매이다. 나는 그 열매를 바탕으로 그 도덕이 나온 토양을 파악한다."

■ 권력 의지

그래도 도덕이 유익한 점

　(1) 도덕은 일반적인 어떤 전체를 보존하는 원칙으로서, 그리고 그 구성원들을 구속하는 제약으로서 필요하다. 그런 도덕은 하나의 "도구"이다.

　(2) 도덕은 인간을 내면의 열정에서 비롯되는 위험으로부터 지켜주는 원칙으로서 필요하다. 그런 도덕은 "평범한 사람들"에게 유익하다.

　(3) 도덕은 깊은 슬픔과 비통의 파괴적인 영향으로부터 인간을 보호하는 원칙으로서 유익하다. 그런 도덕은 "고통당하는 자"에게 유익하다.

　(4) 도덕은 강한 자들의 무서운 폭발에 반대하는 원칙으로서 유익하다. 그런 도덕은 "비천한 사람들"에게 유익하다.

■ 권력 의지

도덕의 두 가지 유형

두 가지 유형의 도덕을 혼동하지 말아야 한다. 건강한 상태의 본능이 쇠퇴가 발아하는 것을 막도록 하는 도덕이 있는가 하면, 이 쇠퇴가 권리를 주장하고 스스로를 정당화하며, 아래쪽으로 향하도록 하는 도덕이 있다.

첫 번째 유형의 도덕은 대체로 금욕적이고, 견고하고, 전제적(專制的)이며(금욕주의 자체가 그런 "제동 장치" 도덕이다), 두 번째 유형의 도덕은 감정을 노출시키고, 감상적이고, 비밀로 가득하며, 여자들과 "아름다운 감정"을 자기편에 두고 있다(원시 기독교가 이런 도덕의 한 예였다).

■ 권력 의지

223
군집에 속하는지를 판단하는 기준

　자신을 속이지 않도록 하자! 당신이 가슴 속에서 듣고 있는 도덕적 명령의 속삭임을 이타주의를 받아들이라는 식으로 듣는다면, 당신은 군집에 속한다. 이와 정반대의 감정을 느낀다면, 다시 말해 사심 없는 이타적인 행위에서 위험과 파멸의 원인을 본다면, 그러는 당신은 군집에 속하지 않는다.

■ 권력 의지

224
자연성의 재확립

행위 자체를 사람과 분리시키고, "죄"를 증오하거나 경멸하고, 그 자체로 선하거나 나쁜 행위가 있다고 믿는 것은 도덕에서 자연성을 제거하는 것이다.

"자연성"의 회복이 절실히 필요하다. 행위는 그 자체로는 거의 아무런 가치가 없다. 중요한 물음은 이것이다. 어떤 행위를 누가 했는가? 똑같은 "범죄"가 지극히 큰 특권이 되는 경우도 있고 지울 수 없는 오명이 되는 경우도 있다. 사실, 어떤 행동 또는 행동을 한 사람을 해석하는 것은 심판관들의 이기심이다. 다시 말하면 그 행동이 심판관들 본인에게 유익한지 여부가 해석의 중요한 기준이 된다는 뜻이다.

■ 권력 의지

'… 자체를 위한 …'라는
식의 접근은 위험하다

　"도덕 자체를 위한 도덕". 이것은 도덕에서 자연성을 배제시키는 중요한 한 걸음이다. 도덕이 그 자체로 하나의 최종적 가치가 되기 때문이다. 이 단계에서 종교는 대체로 도덕으로 흠뻑 젖는다. 유대교처럼. 도덕은 마찬가지로 종교로부터도 분리되는 단계를 거친다. 이 단계에서는 어떠한 신도 도덕에 걸맞을 만큼 충분히 "도덕적"이지 않다. 이제 도덕은 비인간적인 이상을 선호한다. … 현재 도덕의 문제가 바로 이 단계에 있다.

　"예술 자체를 위한 예술". 이것도 마찬가지로 위험한 원칙이다. 이 원칙으로 인해, 사물들에 어떤 거짓 대조가 끼어들게 된다. 이 원칙은 현실 왜곡으로 이어진다("이상화"가 추한 방향으로 이뤄진다). 어떤 이상이 현실로부터 차단될 때, 현실이 훼손되고 빈약해지고 중상(中傷)을 당하게 된다. "미(美) 자체를 위한 미", "진리 자체를 위한 진리", "선 자체를 위한 선". 현실의 입장에서 보면 이것들이 3개의 흉안(凶眼)이다.

예술과 지식과 도덕은 수단이다. 예술과 지식과 도덕에 담긴, 생명을 촉진하는 경향이 인정을 받아야 하는데, 엉뚱하게도 예술과 지식과 도덕이 생명에 반하는 것, 즉 "신"과 연결되었다. 예술과 지식, 도덕은 또 보다 높은 어떤 세계의 계시로 여겨졌으며, 이 높은 세계가 이런 것들을 통해 여기저기서 모습을 드러내는 것으로 여겨진다.

■ 권력 의지

진정한 미덕이 갖춘 미덕

　내가 인간의 탁월함이라는 의미에서 말하는 그런 미덕을 인정하는 것은 다음과 같은 이유에서다. (1)미덕은 자신을 인정해 줄 것을 고집하지 않는다. (2)미덕은 온 곳에 미덕이 존재할 것이라고 전제하지 않고 다른 무엇인가도 존재할 것이라고 전제한다. (3)미덕은 미덕의 부재에 힘들어 하지 않으며 미덕의 부재를 오히려 미덕을 돋보이게 하는 측면으로 받아들인다. (4)미덕은 선전을 하지 않는다. (5)미덕은 언제나 개인적인 미덕이기 때문에 어느 누구에게도 심판관의 자리를 허용하지 않는다. (6)미덕은 일반적으로 금지된 것을 한다. 내가 이해하는 미덕은 군집을 위한 법에 담긴 금지사항이다. (7)요약하면, 내가 미덕을 인정하는 것은 그것이 르네상스 스타일의 미덕, 즉 모든 도덕적 의견으로부터 자유로운 비르투이기 때문이다.

■ 권력 의지

227
도덕적이기만 한
사람은 무능하다

도덕적이기만 한 사람은 하찮은 부류의 인간이다. 이 점에 대해 오판하지 않도록 조심하라. 어떤 식으로든 주목받을 만한 사람은 절대로 미덕만을 고집하는 얼간이일 수 없다. 가치 있는 사람들의 가장 깊은 본능, 권력의 크기를 결정하는 그 본능은 그런 식으로 만족감을 얻지 못한다.

반면에 권력이 약한 사람들에겐 미덕보다 더 현명한 것이 없는 것처럼 보인다. 그러나 약한 사람들이 다수이다. 이 다수가 강한 자들을 지배하려 들기 때문에, 강한 자들은 약한 자들과 맞서 싸워야 한다.

■ 권력 의지

228
악할 줄 알아라

강하고 자연스런 사람들의 의견에는, 당연히 사랑과 증오, 감사와 복수, 선한 본성과 화, 긍정적인 행위와 부정적인 행위가 서로 얽혀 있는 것으로 여겨진다. 어떤 사람이 선한 것은 그가 악할 수 있는 방법을 알고 있다는 조건에서 선하다. 어떤 사람이 악한 것은 그 사람이 그 상황에서 달리 선할 수 있는 방법을 모르기 때문이다.

그렇다면 이런 이중성을 부정하고 한쪽의 효율성만을 최고의 것으로 가르치는 그런 병적인 현상과 이념적인 부자연성은 어디서 비롯되는가? 미덕을 갖춘 반신불수라고 할 수 있는 선한 인간의 발명은 어디서 비롯되었는가?

그 목적은 인간의 중요한 본능들을, 말하자면 적(敵)이 되고, 해로운 존재가 되고, 분노하고, 복수를 고집하는 그런 본능들을 인간이 스스로 잘라버리도록 하기 위한 것처럼 보인다. …

■ 권력 의지

229
권력은 어떤 것이든 이중적이다

권력은 신의 손에 있든 인간의 손에 있든 불문하고 언제나 돕는 능력뿐만 아니라 해치는 능력까지 갖고 있는 것으로 이해된다. 아랍인들과 히브리인들도 권력을 그런 것으로 이해하고 있다. 사실, 강하고 훌륭한 체질을 타고난 종족들은 예외 없이 모두 그런 인식을 갖고 있다.

선한 권력과 악한 권력으로 이원론적으로 분리한 것은 치명적인 실수였다. … 그리하여 도덕이 생명에 독을 풀어 넣는 것이 되고 말았으니 말이다.

■ 권력 의지

230
노예가 되지 마라

당신은 인간들이 겸손하고, 근면하고, 자비롭고, 온화한 존재가 되기를, 다시 말해 선한 존재가 되기를 바라는가? 그러나 나에게 그런 사람들은 단지 이상적인 노예, 미래의 노예로밖에 보이지 않는다.

■ **권력 의지**

열정을 죽이지 마라

　감정, 위대한 욕망, 그리고 권력과 사랑과 복수와 소유에 대한 열정. 도덕주의자들은 이 모든 것들을 뿌리째 뽑아 근절시키길 원하며, 그런 것들을 영혼에서 몰아냄으로써 영혼을 "순화"시키길 바란다. 도덕주의자들의 주장은 이렇다. 열정은 종종 재앙으로 이어진다. 따라서 열정은 악이고 비난을 받아야 한다. 인간은 스스로 그런 것들로부터 자유로워지려고 노력해야 하며, 그런 노력을 펴지 않는 인간은 선한 인간이 될 수 없다. …

　논리적으로 볼 때, 이것은 이렇게 말하는 것이나 다를 바가 없다. "오른쪽 눈이 아프거든 그걸 뽑아버려라." 기독교 창시자가 "목가적인 소박함"에서 사도들에게 성적 흥분이 일어날 때 그런 행위를 실천할 것을 권했다. 그 결과 나타나게 된 것은 특별한 신체 부위의 상실만이 아니었다. 인간의 성격 전체가 거세된 것이나 다름없게 변한 것이다. … 도덕 광신자도 마찬가지다. 도덕 광신자는 열정을 통제할 것을 주장하지 않고 아예 열정의 근절을 요구하고 있다. 그들의 결론은 언제나 똑같다. 거세된 인간만이 선한 인간이라는 것이다.

정신적 태도 중에서 가장 근시안적이고 타락한 태도인 도덕은 압도적이고 충동적인 영혼의 급류라고 할 수 있는 열정이라는 위대한 원천을 효율적으로 이용할 생각은 아예 하지 않고 그 샘을 바싹 말리려 든다.

■ 권력 의지

비도덕이 기본이다

"스스로에 대해 건강하고, 강하고, 부유하고, 생산적이고, 모험적이라고 생각하는 사람일수록 더 비도덕적이다." 누구나 쉽게 받아들이기 어려운 끔찍한 생각이다. 그러나 이 같은 생각을 품은 상태에서 앞으로 몇 걸음만 더 나아가 보라. 그러면 미래가 얼마나 멋져 보이는지 모른다! 우리가 총력을 기울여 촉진시키고 있는 것, 말하자면 인간을 교화시키고 향상시키고 "문명"을 성장시키는 것보다 인간에게 더 큰 피해를 안기는 것이 도대체 무엇인가? 미덕보다 더 값비싼 대가를 요구하는 것은 없다. 왜냐하면 미덕으로 인해 세계가 종국적으로 하나의 거대한 병원이 되어버릴 것이고, 최종적 지혜가 "모든 사람이 자기 외의 다른 모든 사람들의 간호사가 되는 것"이기 때문이다.

그렇게 되는 날, 우리는 간절히 소망했던 "이 땅의 평화"를 확실히 이루게 될 것이지만, 그때 "우리가 서로의 동행에서 발견할 수 있는 기쁨"이 얼마나 보잘것없겠는가! 아름다움이나 방종한 정신, 위험을 추구하려는 대담성 같은 것이 과연 남아 있기나 할까! 이 땅에서의 삶을 가치 있는 것으로 만들 "행위"가 거의 없으니! 아, "위업" 같은 것은 더 이상 없을 것이니! 그러나 인간의 기억에 지금도 생생하게 남아 있는 위대한 작품들과 업적들, 그러니까 그 긴 세월의 강에도 씻겨나가지 않은 작품들과 업적들은 비도덕이라는 단어의 가장 깊은 의미에서 비도덕적이지 않은가? ...

■ 권력 의지

동물을 길들이는 것은
향상이 아니다

도덕에 대해 공정하게 생각하기 위해서, 우리는 두 가지 동물학적 개념을 제 자리에 놓아야 한다. 야수를 길들이고 사육하는 것이 의미하는 바를 정확히 알아야 한다는 뜻이다.

모든 시대의 성직자들은 언제나 인간을 "향상시키길" 원하는 것처럼 꾸몄다. … 그러나 그들과 다른 신념을 가진 우리 비도덕주의자들은 사자를 길들이는 조련사가 자신이 "향상시킨" 동물에 대해 이야기하길 원할 때 그 사람을 비웃어준다. 야수를 길들이는 것은 오직 야수를 약화시킬 때에만 가능한 일이다. 도덕적인 사람은 더 선한 사람이 아니다. 오히려 도덕적인 사람은 자신의 종(種) 중에서 약한 구성원에 속한다. 그럼에도 그는 틀림없이 덜 해로운 존재일 것이다. …

■ **권력 의지**

234
"왜?"라고 질문을 던져라

　도덕적 평가를 놓고 당신 스스로 비판해 볼 것을 권한다. 당신
은 본능적인 도덕적 충동을 종식시켜야 한다. 본능적인 도덕적
충동이 비판이 아니라 복종을 요구하기 때문이다. 거기서 벗어나
고 싶다면 스스로에게 그냥 "왜 꼭 복종해야 하지?"라고 묻기만
하면 된다.

　"왜?"라고 질문을 던지려는 정신이 중요하다. 왜냐하면 현재
도덕을 비판하는 것이 당신의 도덕이 되어야 할 뿐만 아니라, 그
것이 모든 도덕 중에서 가장 훌륭한 도덕이고 또 당신이 살고 있
는 시대에도 명예가 되기 때문이다. 당신의 정직, 말하자면 당신
자신을 속이지 않으려는 당신의 의지가 그대로 지켜지고 있는지
를 왜 스스로에게 묻지 않는가? 도대체 어떤 법정이 두려워서 그
러는가?

■ 권력 의지

무시해야 할 **3**가지 단언

세 가지 단언이 있다.

무시해도 좋은 것이 더 고귀하다("천박한 사람들"의 항의).

자연에 반하는 것이 더 고귀하다(생리적으로 망가진 사람들의 항의).

평균적인 가치를 지니는 모든 것이 더 고귀하다(군집과 "평균적인" 자들의 항의).

그리하여 도덕의 역사에 어떤 권력 의지가 드러나게 되고, 노예와 억압당하는 자, 체질적으로 훌륭하지 못한 자와 실패한 자, 자기 자신 때문에 고통을 당하는 평범한 자들은 이 권력 의지를 통해 자신들의 생존에 유리한 가치 평가가 사회를 지배하도록 만들려고 노력하고 있다.

따라서 생물학적인 관점에서 보면, 도덕이라는 현상은 그 본질이 대단히 의심스럽다. 오늘날까지 도덕은 모든 측면에서 지배 계급과 그들의 특별한 본능, 체질적으로 훌륭하고 아름다운 천성, 독립적이고 특권을 누리는 계급의 희생을 대가로 치르며 발달해 왔다.

그렇다면 도덕은 보다 높은 유형을 이루려는 천성의 노력에 맞서고 있는, 일종의 반대 운동이다. 도덕의 결과로, 전반적으로 생명을 불신하는 경향(생명의 경향들이 비도덕적인 것으로 느껴진다는 점에서 보면 그렇다)이 나타나고 있다. 또 "보다 높은 천성들"의 쇠퇴와 자기 파괴도 빼놓을 수 없는 결과이다. 갈등을 자각하는 능력이 그런 천성 안에 들어 있기 때문이다.

■ 권력 의지

다윈에 반대한다

인간들의 운명을 전반적으로 살필 때 나를 가장 놀라게 만드는 것은 오늘날 다윈과 그의 학파가 보거나 보기를 원하는 것과 정반대인 어떤 현상이 언제나 내 눈 앞에 펼쳐지고 있다는 사실이다. 즉 보다 강하고, 체질적으로 보다 훌륭한 생명체에게 유리하게 작용한다는 자연 선택이나 종의 진보가 완전히 거꾸로 돌아가고 있는 것처럼 보이는 것이다. 자연 선택과 종의 진보와 정반대 현상이 나를 뚫어져라 바라보고 있다. 운이 좋은 예들이 억압당하고 보다 훌륭한 것을 타고난 유형들이 쓸모없게 되고 있는 반면에, 평범하거나 그보다도 더 떨어지는 수준의 사람들이 지배하고 있는 것이 나의 눈에 너무나 분명하게 드러나고 있다.

인간이 모든 생명체들 사이에서 유일하게 예외가 되어야 하는 이유가 제시되지 않는 한, 나는 다윈 학파가 모든 곳에서 실수를 저지르고 있다는 믿음을 버리지 않을 것이다.

나 자신이 모든 변화의 종국적 원인과 성격을 확인하고 있는 권력 의지가 자연 선택이 예외적이고 운 좋은 인간들에게 절대로 유리하지 않은 이유를 설명해준다. 가장 강하고 행복한 천성의 소유자들이 군집 본능과 두려움에 좌우되고 있는 다수의 앞에서 약해지기 때문이다.

가치들의 세계를 전반적으로 훑어보고 내린 나의 결론은 이렇다. 오늘날 인간의 운명을 좌우하고 있는 최고의 가치라는 측면에서 주도권을 잡고 있는 사람은 행운을 누리거나 선택된 유형이 아니라 쇠퇴하고 있는 유형이다. 세상에 이런 불쾌한 장면보다 더 놀라운 것은 없다. …

참으로 이상하게 들리겠지만, 강한 자는 언제나 약한 자에게, 체질적으로 훌륭한 자는 언제나 체질적으로 약한 자에게, 건강한 자는 언제나 병들고 생리적으로 실패한 자들에게 맞서서 자신을 지켜야 한다. 만약에 우리가 현실을 바탕으로 도덕을 끌어낸다면, 그 도덕은 이런 내용이 될 것이다. '평균적인 사람이 예외적인 사람보다 더 소중하고, 쇠퇴한 사람이 평범한 사람보다 더 소중하다. 따라서 비(非)존재를 추구하려는 의지가 생명을 추구하려는 의지보다 더 강해야 한다.' 그리고 오늘날 일반적인 목표를 기독교와 불교, 쇼펜하우어(Arthur Schopenhauer)의 어법을 빌려 표현한다면, "존재하는 것보다 존재하지 않는 것이 더 낫다."는 쪽일 것이다.

■ 권력 의지

237
좋은 것과 나쁜 것의 정의

무엇이 좋은 것인가? 권력 감정을, 권력 의지를, 인간 내면의 힘 자체를 높이는 것이면 무엇이든 좋다.

무엇이 나쁜 것인가? 약함에서 나오는 것은 모두 나쁘다.

무엇이 행복인가? 권력이 증대되고 있다는 감정, 저항이 극복되고 있다는 감정이 행복이다.

만족이 아니라 더 큰 권력이 행복이고, 어떤 대가를 치러서라도 얻는 평화가 아니라 전쟁이 행복이고, 미덕이 아니라 능률(르네상스 시대의 의미로 보면, 이것은 모든 도덕적 견해로부터 자유로운 미덕에 해당한다)이 행복이다.

■ 적그리스도

238
역사는 '사악한' 인간만을 다룬다

　지금까지 기존의 도덕법을 뒤엎었던 사람들은 모두 처음에는
사악한 인간으로 여겨졌다. 그러나 훗날 그 도덕법을 재확립하
는 것이 불가능하다는 사실이 확인되고, 사람들이 점진적으로 그
변화에 익숙해질 때, '사악한 인간'이라는 딱지도 서서히 변한다.
역사는 거의 전적으로 훗날 훌륭한 사람으로 인정받게 되는 그
런 사악한 인간들만을 다루고 있다.

　　　　　　　　　　　　　　　　　　　　　■ 여명

239
모든 것은 나머지 모든 것들과
연결되어 있다

현실 세계에서 모든 것이 나머지 모든 것과 확실히 연결되어 있기 때문에, 어떤 것을 비난하거나 비방한다는 것은 곧 전체를 비난하거나 비방한다는 뜻이다. "이건 이래서는 안 돼."라거나 "이건 이래야 해."라는 식으로 말하는 것은 참으로 어리석은 짓이다. … 어떤 한 측면에서 해롭거나 파괴적인 것을 모조리 다 파괴하기를 원한다면, 그것은 곧 생명의 원천을 파괴하는 것이나 다름없다. 생리학이 이를 잘 증명하고 있다.

우리는 도덕이 어떤 식으로 (a)세상의 전체 인식을 훼손시키고, (b)과학으로 가는 길을 차단하고, (c)온갖 진정한 본능을 낭비하고 파괴하는지(본능의 뿌리가 비도덕적이라고 가르침으로써)를 보고 있다. 따라서 우리는 무시무시한 쇠퇴의 도구가 작동하고 있는 것을 느끼고 있으며, 이 도구는 성스러운 이름과 그것이 갖추었다고 단정하는 성스러운 태도 덕분에 안전하게 남는데 성공하고 있다.

■ **권력 의지**

chapter 6

사회에 대하여

쇠퇴 자체는 물리쳐야 할 것이 절대로 아니다.
쇠퇴는 절대적으로 필요하다. 맹렬히 맞서 싸워야 할 것은
바로 쇠퇴가 유기체의 건강한 부분까지 전염시키는 현상이다.

240
사회는 개인의 적이다

　모든 사회는 사람을 어느 땐가, 어딘가에서, 어떤 식으로든 "평범하게" 만든다.

■ 선과 악을 넘어서

인간 존재의 하향 평준화

열등한 종(種)("군집" "집단" "사회")이 겸손을 망각하고 자신들의 욕구를 우주적 및 형이상학적 가치로 과장하고 있다. 그리하여 인간 존재가 전반적으로 저속화되고 있다. 집단은 지배적인 위치에 서는 한 반드시 예외적인 개인들을 괴롭히게 되어 있다. 그러면 예외적인 개인들은 자기 자신에 대한 믿음을 잃고 니힐리스트(허무주의자)가 된다.

■ 권력 의지

242
영원한 정의는 없다

　모든 결점에 대해 보상할 것을 요구하는 그런 "영원한 정의(正義)" 같은 것은 절대로 없다. 그런 정의가 존재했다는 믿음은 끔찍한 망상이며 아주 제한적으로만 유용할 뿐이다. 죄인 것처럼 느껴지는 모든 것을 죄로 보는 것이 망상인 것과 똑같다.

　인류에게 곤경을 안겨주는 문제의 원천은 일들 자체가 아니라 세상에 존재하지도 않는 일들에 관한 의견이었다.

■ 여명

인간애라는 전염병

쇠퇴 자체는 물리쳐야 할 것이 절대로 아니다. 쇠퇴는 절대적으로 필요하며 모든 시대와 모든 사람에게 예외 없이 나타난다. 맹렬히 맞서 싸워야 할 것은 바로 쇠퇴가 유기체의 건강한 부분까지 전염시키는 현상이다.

그렇다면 오늘날 쇠퇴가 유기체의 건강한 부분까지 전염시키는 것을 막을 조치가 취해지고 있는가? 애석하게도 정반대 방향으로 나아가고 있다. '인간애'라는 이름으로 정반대의 조치가 시도되고 있는 것이다.

■ 권력 의지

진보에 속지 마라

속지 않도록 조심하자. 시간은 앞을 향해 빨리 흐르고 있다. 그래서 우리 인간은 모든 것이 시간과 함께 앞으로 흐른다는 식으로 기꺼이 믿으려 든다. 또 진화는 앞으로 나아가는 하나의 발전이라고 믿으려 한다. … 그것은 아주 신중한 사람까지도 곧잘 속이는 사물들의 외양일 뿐이다.

그러나 19세기는 16세기에 비해 어느 면으로도 아무런 진척이 없었다는 점을 보여주고 있다. 그리고 1888년의 독일 정신은 1788년의 독일 정신과 비교할 때 퇴행의 한 예이다. … 인류는 발전하지 않았으며, 아직 인류는 존재조차 하지 않고 있다고 할 수 있다. …

인간은 동물과 비교해서 절대로 진보의 예가 될 수 없다.

■ **권력 의지**

평등의 원리라는 이름의 독

평등의 원리! … 이 원리보다 더 치명적인 독은 없다. 이 원리가 마치 정의의 입술에서 나오는 것처럼 보이지만, 실제로 보면 거꾸로 모든 정의를 가려 버리기 때문이다. … "동등한 자에게는 동등을, 동등하지 않은 자에게는 불평등을!" 이것이 정의의 진정한 외침이다. 여기서 당연히 "동등하지 않은 것을 절대로 동등하게 만들지 마라."는 가르침이 나온다.

이 평등의 원리와 관련해서 그렇게 많은 테러가 자행되고 그렇게 많은 피가 뿌려졌다는 사실이 특히 이 "현대 사상"에 영광스런 후광을 안겨주었으며, 그 결과 혁명이 하나의 드라마가 되어 아주 고귀한 정신들까지도 속일 수 있게 되었다.

■ 우상의 황혼

쇠퇴의 결과물들

악이 악에 대한 중독이 되고, 병이 병약함이 되고, 범죄가 범죄성이 되고, 금욕이 불모가 되고, 히스테리 성향이 의지의 약화가 된 것 외에, 알코올 중독, 페시미즘, 아나키즘, 방탕(정신적 방탕 포함) 등이 있다.

■ 권력 의지

247

건강과 병은
기본적으로 다르지 않다

　고대의 의사들과 오늘날의 일부 의사들이 주장하는 바와 같이, 건강과 병은 기본적으로 서로 다르지 않다. 건강과 병을 뚜렷이 구분되는 두 가지 원리나 실체로 여기면 안 된다. 말하자면, 살아 있는 어떤 유기체를 놓고 서로 싸우면서 그 유기체를 결투장으로 바꿔놓으려 드는 것이 건강과 병이 아니라는 뜻이다.

　건강과 병이 서로 다른 것이라는 인식은 어리석기 짝이 없으며 전혀 아무런 가치를 지니지 않는다. 사실, 건강과 병이라는 두 종류의 존재 사이엔 정도의 차이만 있을 뿐이다. 정상적인 현상의 과장이나 불균형, 부조화가 곧 병적인 상태인 것이다.

■ 권력 의지

제로들의 총합, 군집 본능

　지금 주권자의 위치에 서 있는 권력인 군집 본능은 귀족사회의 본능과 완전히 다른 그 무엇이며, 총합의 가치는 그 총합을 이루고 있는 단위들의 가치에 좌우된다. … 그런데 사회학은 제로(0)들의 총합인 군집 본능 외에 다른 본능에 대해서는 아무것도 모른다. 군집에서는 모든 제로가 "평등권"을 누리고, 제로가 되는 것이 도덕적인 것으로 여겨지고 있는데도 말이다.

　　　　　　　　　　　　　　　　　　　■ 권력 의지

환경은 별로 중요하지 않다

환경과 외부 요인들의 영향에 대해 가르치는 데 반대한다. 내면에서 나오는 힘이 무한히 더 중요하기 때문이다. 외부에서 작용하는 영향처럼 보이는 많은 것들도 단순히 환경이 이 내면의 힘에 굴복당한 것에 지나지 않는다. 분명히 말하지만, 똑같은 환경이 정반대 방향으로 이용되고 해석될 수 있다. 확고한 사실 같은 것은 전대로 존재하지 않기 때문이다. 한 사람의 천재는 기원에 관한 이론으로는 설명되지 않는다.

■ 권력 의지

이상은 투쟁의 기치일 뿐!

　나는 "이상"을 믿지도 않을뿐더러 아주 싫어한다. 나는 "숭고한 생각들"이 어느 정도 악의 원천이라는 것을, 말하자면 인간을 작아지게 만들고 인간의 가치를 떨어뜨리는 원인이라는 것을 알아차렸다. 바로 이것이 나의 페시미즘이다.

　어떤 이상으로 인해 "진보"가 이뤄질 것이라는 기대가 있는 곳마다, 반드시 실망이 따르게 되어 있다. 이상의 승리는 언제나 역행하는 움직임이기 때문이다.

　기독교, 혁명, 노예제 폐지, 평등권, 박애, 평화에 대한 사랑, 정의, 진리. 이런 온갖 허풍스런 단어들은 오직 투쟁의 기치로서만 가치를 지닐 뿐이다. 현실로서가 아니라, 그 단어들이 뜻하는 것과 꽤 다른 무엇인가를 뜻하는 허풍(심지어 단어의 뜻과 정반대의 것을 의미할 때도 있다)으로서 말이다.

■ 권력 의지

성장과 쇠퇴는 동시에 일어난다

　모든 중요한 성장은 엄청난 규모의 붕괴와 사라짐을 수반한다. 고통과 쇠퇴의 징후들은 곧 큰 진전이 이뤄지고 있는 시대라는 점을 보여준다. 인간의 유익하고 강력한 운동은 예외 없이 니힐리즘적인 운동을 불러일으켰다.

　가장 극단적인 형태의 페시미즘인 완전한 니힐리즘이 세상에 존재한다는 것은 핵심적이고 근본적인 성장이 이뤄지고 있음을 보여주는 신호이고, 또 새로운 존재 상태로 전환이 일어나고 있음을 보여주는 신호일 수 있다.

■ 권력 의지

문화와 문명

　문화와 문명의 정점은 서로 일치하지 않는다. 문화와 문명 사이에 존재하는 근본적인 반대 경향과 관련해서 헷갈리는 일이 없어야 한다. 도덕적 관점에서 보면, 문화의 역사에서 위대한 시기는 언제나 타락의 시기였던 반면에, 인간이라는 동물을 길들이는 것이 강요되고 바람직한 것으로 여겨졌던 시기("문명")는 언제나 지적이고 대담한 천성들에게 불관용을 보인 시기였다.

　문명은 문화가 추구하는 것과 다른 무엇인가를 욕망한다. 어쩌면 문명의 목표와 문화의 목표는 서로 반대일지도 모른다. …

■ **권력 의지**

253
본능을 회복하라

인간은 타고난 본능을 다시 복구할 용기를 가져야 한다.

인간이 스스로에 대해 품고 있는 형편없는 의견은 파괴되어야
한다 …

사회적 특이 성향들(죄의식, 처벌, 정의, 정직, 자유, 사랑 등)에
겐 존재 자체가 허용되지 않아야 한다.

"자연성"을 회복해야 한다. 모든 정치 문제에서, 정당들의 관계
에서, 심지어 상인과 노동자, 고용자 단체들 사이의 관계에서도
오직 권력의 문제만 작용할 뿐이다. 가장 먼저 던져야 할 질문은
"사람이 할 수 있는 것은 무엇인가?"라는 질문이며, "사람이 무엇
을 해야 하는가?"라는 질문은 부차적인 질문에 지나지 않는다.

■ 권력 의지

미래를 밝게 하는 측면

개인적 능력과 남자다운 능력, 육체적 능력이 그 가치를 되찾고 있고, 가치 평가의 기준이 보다 육체적인 것들 쪽으로 바뀌고 있으며, 식단이 육류로 더 많이 채워지고 있다. 멋진 인간이 다시 가능해지고 있다. 핏기 없는 비열한 인간들(콩트(Auguste Comte)가 꿈꾸었듯이, 이 위선에서는 관료들이 맨 윗자리를 차지했다)은 이제 과거의 일이다.

우리 각자의 내면에 있는 야만성이 인정받고 있다. 야수성도 마찬가지로 인정받고 있다. 바로 그런 이유로 철학자들은 앞으로 더 많은 기회를 누릴 것이다. 칸트는 허깨비에 지나지 않으니!

■ **권력 의지**

정신적 계몽의 폐해

정신적 계몽은 인간들을 불안해하도록 만들고, 의지를 약하게 만들고, 도움과 지지를 필요로 하는 존재로 만드는 확실한 수단이다. 한마디로, 정신적 계몽은 인간들의 내면에 군집 본능을 발달시키는 수단이다. 그것이 지금까지 존재했던 위대한 통치의 기술자들(중국의 공자(孔子), 로마 황제, 나폴레옹(Napoleon Bonaparte), 그리고 과감하게 세속성을 드러내며 권력을 추구하던 시절의 교황)이 모두 정신적 계몽을 이용하거나, 적어도 정신적 계몽을 가장 중요하게 여긴(르네상스 시대의 교황) 이유이다. 예를 들어, 모든 민주주의에서 이 점에 관한 대중의 자기기만은 대단히 중요하다. 인간을 보다 작게, 또 보다 온순하게 만드는 모든 것이 "진보"라는 이름으로 추구되고 있으니!

■ 권력 의지

이상의 위험성

빈곤, 겸양, 순결은 위험하고 해로운 이상(理想)들이지만, 어떤 병에 유익한 치료가 될 수 있는 독(毒)처럼, 그런 것들도 로마 제국의 시대에는 필요했다.

모든 이상은 위험하다. 왜냐하면 이상이란 것이 현실을 경멸하고 현실에 낙인을 찍기 때문이다. 이상은 모두 독이긴 하지만, 경우에 따라서 일시적인 치료제로 불가피하기도 하다.

■ 권력 의지

257
집단에 희생당하지 마라

    사람이 동료를 위해 수행한 행동을 자기 자신을 위해 한 행동보다 더 높이 평가해야 한다는 비상식적인 사상은, 그리고 다른 동료 인간도 똑같이 그렇게 해야 한다는 사상(오직 그런 행동만이 이웃과 이웃의 행복을 위해 수행된 선한 행동으로 여겨져야 한다는 사상)은 나름의 이유를 갖고 있다. 말하자면, 그런 가치 평가에 영향을 받기 마련인 사회적 본능 때문에, 개인은 집단적인 차원에서 보면 대단히 중요함에도 불구하고 개별적으로 보면 별로 중요하지 않은 존재라는 인식이 생겨나게 되는 것이다.

    나의 판단은 이렇다. 목표가 필요하며, 그 목표는 개인이 되어야 한다는 것이다. 우리는 지금 일반적인 추세를 눈으로 직접 목격하고 있다. 모든 개인이 희생당하며 하나의 도구로 이용되고 있는 것을 보고 있다. 거리에서 눈을 부릅뜨고 주변을 한 번 살펴보라. 당신이 보는 사람 모두가 노예가 아닌가? 모두 어디로 향하고 있는가? 모두 무엇을 추구하고 있는가?   ■ **권력 의지**

군집에 속하길 원하는 이유

군집 본능은 모든 것들 중에서 중간에 있는 평균적인 것을 가장 고귀하고 소중한 것으로 평가한다. 그것은 곧 과반이 있는 곳이 중요하고, 그 과반의 태도와 양식이 중요하다는 뜻이다.

이런 식으로, 군집 본능은 온갖 위계질서에 반대한다. 군집 본능은 낮은 곳으로부터 높은 곳으로 올라가는 것을 다수로부터 소수로 내려가는 것으로 보기 때문이다. 군집은 일반적인 수준 그 이상이든 이하든 불문하고 예외를 군집 자체에 반대하는 위험한 요소로 본다.

군집이 자기들보다 위에 있는 예외들을, 다시 말해 강하고 힘 있고 현명하고 생산적인 사람들을 다룰 때 동원하는 계략은 그들을 설득시켜 수호자나 목자, 파수꾼으로 만드는 것이다. 말하자면 그들을 자신들의 하인 중 우두머리로 만들어, 위험한 요소를 유익한 요소로 바꿔놓는 것이다.

중간에 있으면 두려움이 사라진다. 거기서 사람은 절대로 혼자가 아니다. 거기엔 오해의 소지도 별로 없다. 거기엔 동등이 있다. 거기서는 한 사람의 개인적 존재가 치욕의 원인으로 느껴지지 않고, 정당한 존재로 여겨진다. 그곳을 지배하는 것은 만족감이다. 불신은 오직 예외적인 존재들을 대할 때에만 작동한다. 따라서 예외가 되는 것은 곧 죄인이 되는 길이다. …

평균적인 사람들은 예외적인 사람들을 증오하고, 군집은 독립적인 구성원들을 증오한다. (관습이 사실 "도덕"으로 여겨진다.) "이기심"을 혐오하고, 오직 "타인"을 위하는 것만이 가치를 지닌다. "우리는 모두 평등하다." 평등은 대체로 지배를 추구하는 열정에, 특권에, 파벌에, 자유로운 정신에, 회의론에, 철학(기계적이고 자동적인 본능들에 맞서는 한 힘)에 반대한다.

■ 권력 의지

259
사회에서 칭송을 듣는 자질들

사회적으로 칭송을 듣는 자질과 경향은 이런 것들이다. 평화, 평등, 중용, 겸손, 숭배, 존경, 용기, 순결, 정직, 충성, 타인을 쉽게 믿는 성격, 청렴, 믿음, 체념, 동정, 도움, 양심, 순박, 온화, 정의, 관용, 자비, 순종, 무관심, 시기심의 부재, 선한 본성, 근면.

여기서 우리는 이런 자질들이 어떤 욕망이나 목적(종종 "사악한" 목적)을 성취하는 수단으로 어느 정도 활용되고 있는지를 알아야 한다. 아니면 이 자질들이 지배적인 열정(예를 들면, 지성)의 결과가 아닌지, 또 어떤 욕구 상태를 표현한 것이 아닌지를 알아야 한다. 후자의 예를 들면, 보존적인 조치(시민과 노예, 여자 등의 경우에서처럼)가 있다.

요약하면, 이 자질들 각각은 그 자체로 "선한" 것이 아니라, "사회"나 "군집"이 군집의 목적을 이루는 수단으로서, 또 군집의 보존과 고양에 필요한 어떤 기준에 근접하는 것으로서 "선한" 것으로 여겨지고 있다. 또 이 자질들은 개인에게 있는 실질적인 군집 본능의 결과로 나타나기도 한다. 따라서 이 자질들은 이 미덕의 상태들과 근본적으로 다른 어떤 본능에 이바지하게 된다. 왜냐하면 군집이 외부 세계에 적대적이고, 이기적이고, 무자비하고, 지배욕과 불신의 감정으로 팽배하기 때문이다.

■ 권력 의지

나의 철학의 목표

　나의 철학은 개인주의적 도덕을 확립하는 것이 아니라 새로운 위계질서를 확립하는 것을 목표로 잡고 있다. 군집 정신은 군집 안에서만 지배를 하려 해야지 군집을 벗어나면 안 된다. 군집의 지도자들은 자신의 행동을 위해 근본적으로 다른 가치 평가를 필요로 한다. 독립적인 개인들이나 "맹수들"이 서로 다른 가치 판단을 필요로 하는 것이나 마찬가지이다.

■ 권력 의지

261
개념을 경계하라

내가 볼 때, '전체'나 '통일', 무조건적인 권력 같은 개념을 버리는 것이 대단히 중요하다. 그렇게 하지 않을 경우에, 인간이 그런 것을 최고의 존재로 여기면서 "신"이라고 부르는 일을 절대로 멈추지 않을 것이기 때문이다. "전체"는 깨뜨려져야 한다. 우리는 전체라는 것에 대해 품고 있는 존경을 버려야 하고, 미지의 것과 상상적인 것에 부여했던 것들을 거둬들여서 우리와 가장 가까운 것들과 우리 자신의 것들에게 부여해야 한다.

예를 들어, 칸트가 "두 가지[7]가 존경 받을 만한 가치를 지니는 것으로 영원히 남는다."(『실천 이성 비판』의 끝 부분에서)고 말할 때, 오늘날 우리는 "소화력이 더 명예롭다."고 재빨리 말해야 한다. "전체"라는 개념은 언제나 이런 케케묵은 문제를 제기한다. "그러면 악이 어떻게 가능하지?" 그러므로 "전체" 같은 것은 절대로 있을 수 없다.

■ 권력 의지

....
7 "나의 위에 있는, 별이 총총한 하늘과 내 안에 있는 도덕법".

인류는 하나의 완전체가 아니라
하나의 다양성이다

인류는 수행해야 할 어떤 일반적인 의무를 지고 있으며, 인류는 하나의 전체로서 어떤 목표를 향해 나아가고 있다는, 대단히 모호하고 자의적인 생각은 아직 태동기에 있다. 아마 이런 생각이 "고정 관념"이 되기 전에 우리는 그것을 팽개칠 것이다. …

인류는 하나의 완전체가 아니다. 인류는 상승하는 생명체들과 하강하는 생명체들이 풀 수 없게 서로 단단히 얽혀 있는 하나의 다양성이다. 인류는 젊음과 성숙과 고령 같은 상태에 대해선 전혀 아는 바가 없다. 그러나 이 구분은 서로 중첩되고 뒤섞여 있으며, 몇 천 년이 지나면 지금 우리가 보는 것보다 더 젊은 유형의 인간이 존재할 것이다. 한편, 쇠퇴는 인간 역사의 모든 시기에 해당한다. 찌꺼기와 쇠퇴하는 물질이 있는 곳마다, 시들고 쇠퇴하는 형태들을 배제하는 것은 생명에 필수적인 과정이다.

■ 권력 의지

263
동정은 감정의 낭비

　동정은 감정의 낭비이고 도덕적 건강을 해치는 기생충이며, "세상에 악을 증대시키는 것은 우리의 의무가 될 수 없다". 만약에 어떤 사람이 순전히 동정심에서 선을 행한다면, 그 사람이 돕고 있는 것은 그 사람 자신이지 이웃이 아니다. 동정은 행동 원리가 아니라 감정에 근거하며, 그런 동정은 병적이다. 타인들의 고통이 우리를 전염시키며, 동정은 일종의 전염이다.

■ 권력 의지

264
동정이란 감정은 무엇인가?

　나의 "동정". 그것은 나 자신이 적절히 표현할 용어를 아직 찾지 못하고 있는 어떤 감정이다. 나는 소중한 능력이 낭비되고 있는 것을 목격할 때 그런 감정을 느낀다. 예를 들어, 루터(Martin Luther)에 대해 깊이 생각할 때 그런 감정이 일어난다. 무례한 사람들에게나 어울리는 문제에 얼마나 많은 힘과 열정을 쏟았는가! (프랑스에서 이미 몽테뉴(Michel de Montaigne) 같은 사람의 용감하고 쾌활한 회의론이 가능했던 시점에!) 아니면 어떤 사람이 너무도 터무니없는 일련의 사건 때문에 자신이 응당 서 있어야 할 곳보다 아래에 서 있는 것을 볼 때, 그런 감정이 일어난다. 아니면 인간의 운명을 떠올리면서, 모든 상황에서 인류 전체의 미래를 엮어내고 있는 현재 유럽의 정치를 비통과 경멸이 뒤섞인 마음으로 깊이 생각할 때, 그런 감정이 일어난다. 우리가 하기에 따라 인류의 운명이 하늘과 땅만큼 달라질 것이니까!

■ 권력 의지

265
종의 보존은 목적이 아니다

　"개체의 행복"은 "종(種)의 행복"만큼 가공적이며, 개체의 행복을 종의 행복에 희생시켜서는 안 된다. 먼 곳에서 보면, 종도 개체만큼 덧없다. "종의 보존"은 오직 종이 성장한 결과이다. 말하자면, 보다 강한 유형으로 성장하는 길에서 그 종을 극복한 결과가 종의 보존인 것이다.

■ 권력 의지

약한 개체와 강한 개체의 차이

약한 개체는 영양 섭취의 필요성 때문에 강한 개체에게 끌린다. 약한 개체는 강한 개체와 하나가 되는 것이 가능하다면 강한 개체 밑으로 들어가기를 원한다. 반대로, 강한 개체는 다른 개체들로부터 스스로를 보호한다. 강한 개체는 그런 식으로 사라지기를 거부한다. 이 대목에서, 다른 것과 하나가 되기를 원하는 마음이 클수록 거기에 어떤 형태로든 약한 무엇인가가 있고, 다양성과 분화, 내적 소멸을 추구하는 경향이 강한 곳일수록 거기에 더큰 힘이 있다고 결론을 내려도 무방하다.

무엇인가에 다가서려는 본능과 무엇인가를 물리치려는 본능은 생물의 세계에서만 아니라 무생물의 세계에서도 똑같이 속박의 끈이다. 이 두 가지 본능을 뚜렷이 구분하는 것은 성급한 판단이다.

모든 힘들의 결합에서, 강한 자에 맞서 스스로를 보호하고 약한 자에게 무자비하게 덤벼드는 그런 권력 의지를 보는 것이 타당하다. ■ **권력 의지**

267
언제나 다수가
소수를 위해 희생한다

    혈통 이론의 관점에서 판단하면, 개체화는 하나가 둘로 끊임없이 분열되고 있다는 점을, 또 많은 개체들이 진화를 주도할 소수의 개체들을 위해서 지속적으로 소멸하고 있다는 점을 보여준다. 이 소수 개체들보다 월등히 더 많은 숫자들("몸통")이 매번 사라진다.

    근본적인 현상은 무수히 많은 개체들이 소수의 개체들을 위해 희생된다는 것이다. 당연히, 이 소수의 개체들이 진화할 수 있도록 하기 위해서이다. 이 대목에서 속는 일이 없도록 하자. 민족과 종족의 경우도 마찬가지다. 민족과 종족은 위대한 진화의 과정을 지속할, 가치 있는 개인들을 낳을 "몸통"을 형성한다.

■ 권력 의지

강한 개인을 키워라

지금까지 활동했던 생물학자들이 저지른 근본적인 오류는 그 것이 종(種)의 문제가 아니라 보다 강한 개인들을 키워내는 문제 라는 것을 보지 못했다는 점이다(다수는 오직 수단에 지나지 않 는다).

삶은 내적 상황을 외적 상황에 적응시키는 과정이 아니다. 삶 은 내부에서 "외부"에 있는 것들을 더욱 많이 복종시키고 통합시 키려는 권력 의지의 과정이다.

생물학자들은 여전히 도덕적 가치 평가를 하고 있다("보다 높 은 가치를 지니는 이타심"의 강조, 지배욕에 대한 반대, 전쟁에 대한 반대, 이롭지 않은 모든 것에 대한 반대, 그리고 온갖 서열 과 계급에 대한 반대).

■ 권력 의지

사회주의에 반대하는 이유

   내가 사회주의에 반대하는 이유는 그것이 순진하게도 "선과 진리, 아름다움, 평등권"에 대해 꿈을 꾸고 있기 때문이다(아나키즘은 똑같은 이상을 한층 더 잔인하게 추구하고 있다).

   내가 의회 정치와 언론에 반대하는 이유는 그것들이 군집이 주인이 되는 수단이기 때문이다.

■ 권력 의지

270
행복의 권리는 없다

존재의 권리나 일의 권리 같은 것은 절대로 없다. "행복"의 권리 같은 것은 더더욱 없다. 개별 인간 존재가 처한 상황도 대단히 열등한 곤충이 처한 상황과 다를 바가 하나도 없다.

■ 권력 의지

근본적인 오류

　근본적인 오류는 목표를 개인들이 아니라 군집에 두고 있는 것이다. 군집은 단지 하나의 수단일 뿐이며, 그 이상은 절대로 아니다. 그런데도 오늘날 사람들은 군집을 하나의 개인으로 이해하려고 애쓰면서 군집에 개인들보다 더 높은 권리를 부여하려고 노력하고 있다. 이 외에, 군집성에 기여하는 모든 것들, 예를 들면 동정 같은 것을 우리 본성의 보다 소중한 측면으로 여기고 있다.

■ 권력 의지

272
교육과 문화의 본질

교육, 그것은 기본적으로 규칙을 위하여 예외를 망가뜨리는 수단이다. 문화, 그것은 기본적으로 평범함을 위하여 예외를 배척하는 태도를 퍼뜨리는 수단이다.

■ 권력 의지

273
평등주의자의 편파성

오늘날 매우 편협하고, 선입견에 사로잡혀 있고, 속박되어 있는 그런 정신을 소유한 계급이 있다. … 유감스럽게도, 평등주의자인 그들을 두고 "자유로운 정신"이라는 엉터리 이름으로 부르고 있다. 이들은 민주주의적인 취향과 "현대 사상"을 말로 능숙하게 표현하고 있는 노예들일 뿐이다. 그들 모두는 고독을, 개인적 고독을 모르는 인간이며, 둔할 만큼 소박한 동료들이다. 그들이 용기도 있고 명예롭게 행동한다는 점은 부정하기 어렵지만, 그들은 자유롭지 못하고, 터무니없을 만큼 피상적이며, 인간의 비참과 실패의 원인을 지금까지 존재한 사회의 형태에서 찾으려드는 편파성을 지니고 있다.

■ 선과 악을 넘어서

한 마리 군집 동물이 되어서야

사회주의자 멍청이들과 생각이 모자라는 인간들이 이상으로 내세우고 있는 "미래의 인간"의 수준으로 인간을 전반적으로 퇴보시키는 것, 말하자면 인간을 한 마리 군집 동물(그들의 표현을 빌리면 "자유로운 사회"의 인간)로 타락시키고 약화시킴으로써 인간을 동등한 권리와 요구를 갖는 소인(小人)으로 바꿔놓는 것은 틀림없이 가능하다. 이런 가능성을 놓고 최종 결론까지 깊이 생각한 사람은 나머지 인간들이 모르는 또 다른 혐오를 알게 되고, 따라서 아마 새로운 임무를 떠안을 것이다.

■ 선과 악을 넘어서

군집 동물의 맹목성

　다루기 어렵고 곧잘 양심의 가책에 시달리는 군집 동물들(이들은 이기심의 원인을 공공복지를 옹호하는 구실로 내세운다)은 "공공복지"가 절대로 이해 가능한 개념도 아니고 이상(理想)도 아니며 목표도 아니라는 점에 대해서는 조금도 알고 싶어 하지 않는다. 또 군집 동물들은 어떤 사람에게 공정한 것이 다른 사람에게는 전혀 공정하지 않을 수 있다는 점을, 모든 사람들에게 똑같은 도덕을 요구하는 것이 보다 높은 사람에게 큰 피해를 입힌다는 점을, 한마디로 말해, 사람과 사람 사이에, 따라서 도덕과 도덕 사이에 위계 구분이 있다는 점을 이해하려 들지 않는다.

■ 선과 악을 넘어서

군집 인간을 혐오하는 이유

　오늘날 우리가 "인간"을 혐오하도록 만드는 것은 무엇인가? 틀림없이, 우리가 "인간"으로 인해 고통을 받고 있기 때문이다. 그 점에 대해선 의문이 전혀 없다. 그래도 그것은 두려움은 아니다. 우리가 인간들을 무서워해야 할 이유는 없다. 다만 벌레 같은 "인간"이 맨 앞에서 무리를 지으면서 급속도로 증식하고 있는 것이 문제이다. 또 "길들여진 인간들", 말하자면 비참할 만큼 평범하고 자신을 계발하려는 노력을 전혀 하지 않는 인간들이 엉뚱하게도 자기 자신을 하나의 목표로, 정점(頂點)으로, 내적 의미로, 역사의 원리로, "보다 높은 인간"으로 여기도록 배운 것이 문제이다.

■ 도덕의 계보

277
무능한 탓을
사회로 돌리지 마라

아나키스트가 쇠퇴하는 사회 계층의 대변자로서 분개하면서 "권리"와 "정의", "평등"을 외칠 때, 그는 단지 자신의 무지 때문에 투덜거리고 있는 것에 지나지 않는다. 그는 무지한 탓에 자신이 고통을 겪고 있는 진짜 이유를 제대로 이해하지 못하고 있다. 그의 빈곤이 왜 생겨났는지를, 그것이 곧 생명력의 빈곤 때문이라는 것을 알지 못하는 것이다.

■ **우상의 황혼**

278
나의 자연은
루소의 자연과 다르다

나도 "자연으로의 회귀"에 대해 이야기한다. 그러나 내가 말하는 자연으로의 회귀는 그냥 자연으로 돌아가는 과정이 아니고, 고상하고 자유롭고 심지어 무섭기까지 한 자연과 자연성으로 더 높이 올라가는 과정이다.

■ 우상의 황혼

선한 인간이 아니라
강한 인간을 만들어야 한다

인간들을 "더 선하게" 만들어서는 안 된다. 또 마치 "도덕 자체"나 전반적으로 이상적인 유형의 인간이 당연하다는 듯이 인간들에게 어떤 형태로든 도덕에 대해 설교해선 안 된다. 대신에 우리는 보다 강한 인간을 필요로 할 상황을 창조해 내야 한다. 말하자면, 인간들을 강하게 만들고, 강해진 인간들이 그런 도덕(더 정확히 표현하면, 육체적 및 정신적 훈련)을 계속 고수할 환경을 조성해야 한다는 뜻이다.

■ 권력 의지